COMPTE-RENDU

AUX

HABITANTS DE LA GUYANE.

COMPTE-RENDU

AUX

HABITANTS DE LA GUYANE,

ET EXPOSÉ

DES NÉGOCIATIONS, RELATIVES AU PROJET D'ASSOCIATION,

PRÉSENTÉ AU GOUVERNEMENT

PAR MM.

H. SAUVAGE, A. DE SAINT-QUANTIN,

ET **J. LECHEVALIER.**

PARIS,

IMPRIMERIE D'AD. BLONDEAU, RUE RAMEAU, 7,

(place Richelieu)

1847.

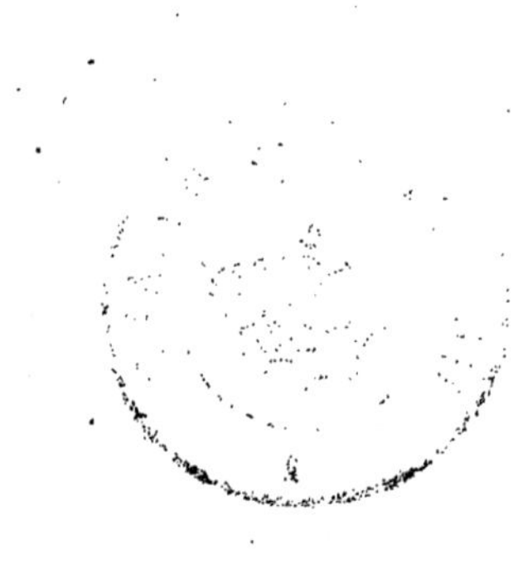

COMPTE-RENDU

AUX

HABITANTS DE LA GUYANE.

⸺⸺⸺

MES CHERS COMPATRIOTES,

Chargé depuis bien des années du soin de soutenir vos droits et vos intérêts auprès du gouvernement du roi, il est de mon devoir, au moment où par la dissolution du Conseil colonial, le mandat dont je suis investi va expirer, de vous rendre compte de la manière dont je me suis acquitté de la mission délicate qui m'était confiée.

J'exposerai avec franchise la conduite que j'ai tenue dans les différentes circonstances qui se sont présentées et les motifs qui m'ont dirigé. J'espère qu'il ressortira de ces explications données sans réserve, la conviction pour tous que mes démarches ont toujours eu pour but l'intérêt bien compris de mon pays ; et l'on reconnaîtra, j'ose le croire, que si mon intervention auprès du gouvernement n'a pas été assez puissante pour empêcher le mal, du moins elle n'a pas été entièrement inutile pour produire aussi quelque bien.

Avant d'entrer dans ces développements, il est nécessaire, je crois, de bien nous entendre sur les devoirs et les attributions des délégués des colonies. Il arrive souvent, en effet, que des plaintes, des accusations même sont portées contre ces fonctionnaires, lesquelles ne se seraient peut-être pas produites si l'on eût bien compris la nature de leurs fonctions et les limites dans lesquelles leurs pouvoirs peuvent s'exercer. Ce n'est donc que de la connaissance exacte de leur position légale que peut résulter une juste appréciation de leurs actes et de l'attitude qu'ils ont dû prendre dans les affaires qu'ils ont eu à traiter.

La loi du 24 avril, qui a institué des délégués des colonies près le gouvernement du roi règle leurs attributions de la manière suivante :

« Art. 19. Les colonies auront des délégués près le gouvernement du roi.....»

« Les délégués, réunis en conseil sont chargés de donner au gouvernement du roi les renseignements relatifs aux intérêts généraux des colonies et de suivre auprès de lui l'effet des délibérations et des vœux des conseils coloniaux. »

Il résulte évidemment de cette définition d'attributions que l'initiative des propositions d'intérêt général pour les colonies peut appartenir *aux délégués réunis en conseil*, mais que l'action officielle de chaque délégué pris isolément, se borne à soutenir, à faire valoir auprès du gouvernement les délibérations et les vœux du conseil colonial qui l'a nommé, qui l'a investi de sa confiance et dont il est en réalité l'agent officiel.

Je ne veux pas prétendre pour cela que toute initiative lui soit interdite, qu'il ne lui soit pas permis de signaler au besoin ce que ses connaissances du pays auquel il appartient pourront lui indiquer de bon et d'utile à l'intérêt de ce pays; le gouvernement lui-même, j'en suis convaincu, ne voudrait pas donner à la loi une signification aussi restrictive; mais je veux faire comprendre que, dans aucun cas, le délégué ne peut substituer son opinion personnelle aux résolutions de son conseil colonial; ces résolutions doivent être toujours présentes à son esprit pour lui tracer la conduite qu'il doit tenir, sauf à lui, toutefois, à savoir en faire une application éclairée et conforme aux circonstances qui peuvent se présenter.

En outre de cette mission officielle, le délégué a encore des devoirs à remplir envers la colonie dont il représente les intérêts. Ces devoirs consistent à tenir son conseil informé des divers actes du gouvernement qui peuvent intéresser les colonies, à lui en expliquer les intentions; enfin, par son intervention auprès de l'administration générale des colonies, en même temps que par son influence sur le conseil dont il est l'organe, il doit s'attacher à entretenir des rapports de bienveillance et de confiance mutuelle, indispensables à la bonne expédition des affaires, et en dehors desquels il ne saurait y avoir que de graves difficultés et des dangers pour la chose publique.

Cette dernière partie de la mission du délégué, est certainement la plus délicate, puisqu'elle ne saurait s'exercer utilement qu'autant que par la réserve et la sagesse de sa conduite il aura su conquérir auprès du gouvernement une autorité suffisante pour que sa parole soit écoutée, en même temps que son patriotisme éclairé lui aura mérité la confiance entière du conseil dont il est l'organe.

Ces principes étant bien établis, il me suffira, mes chers compatriotes, de reproduire ici les diverses questions qui se sont présentées, et la conduite que j'ai cru devoir tenir ; il vous sera facile de juger par ce simple exposé si votre délégué a su se maintenir à la hauteur de la mission dont il était chargé, s'il a répondu à la confiance dont vous l'avez honoré.

Pour la plus grande clarté de cet exposé, je diviserai les affaires coloniales en deux parties bien distinctes, et telles, en quelque sorte, que la loi du 24 avril 1833 les avait déjà classées.

1° Les affaires locales qui comprennent toute l'administration intérieure du pays, et se règlent sous l'approbation du gouvernement entre l'administration de la colonie et le conseil colonial ;

2° Les affaires politiques réservées à la décision du gouvernement et sur lesquelles le conseil colonial n'a que le droit d'observations ; c'est dans cette seconde classe que se trouvent renfermées la question de l'esclavage et celle des tarifs à l'importation de nos denrées.

Relativement aux affaires d'administration intérieure, je dirai que l'action du délégué doit avoir particulièrement pour but de faire accepter, par le gouvernement, les décrets votés par le conseil colonial, tels qu'ils sont sortis de la discussion à laquelle ils ont été soumis, et de préparer un accueil favorable aux demandes, aux vœux formulés par le conseil dans l'intérêt de la colonie. Si ses démarches ont eu pour effet d'obtenir ce résultat, il aura répondu à la confiance publique et à ce que ses commettants étaient en droit d'attendre de lui.

Or, en ce qui me concerne, j'ose me croire à l'abri de

toute critique à cet égard, puisque tous les décrets votés par le conseil colonial ont obtenu la sanction royale et ont été exécutés dans toute leur teneur ; et cependant, il s'en est rencontré quelques-uns qui n'ont pas été sans éprouver quelques difficultés.

Pour ne pas multiplier les citations, je me bornerai ici à mentionner le décret portant dégrèvement en faveur des débiteurs au trésor colonial pour avances, pour achat de machines à vapeur. Ce décret avait d'abord été repoussé par le conseil d'Etat qui avait cru y reconnaître de graves irrégularités en matière de finances ; cependant, à ma sollicitation, M. le directeur des colonies voulut bien le soumettre à une nouvelle discussion, et cette seconde épreuve ayant été plus heureuse que la première, notre décret fut sanctionné et reçut son entière exécution.

Le décret pour la démonétisation des pièces de 7 1|2 centimes et leur remplacement par de nouvelles pièces de billon au type de la colonie, éprouva aussi de sérieuses difficultés de la part de M. le ministre des finances qui lui opposait cette objection grave que l'on ne pouvait pas admettre pour une colonie un autre signe monétaire que ceux ayant cours dans la métropole. Cependant, sur mes observations motivées, on voulut bien se relâcher de la rigueur de ce principe, et ici encore, j'eus la satisfaction de voir adopter une mesure utile à notre pays.

Je pourrais citer encore plusieurs exemples de cette nature, mais il serait inutile de s'étendre davantage sur un sujet qui ne saurait donner lieu à aucune contestation sérieuse, puisque, ainsi que je l'ai déjà dit, tous les décrets votés par le conseil ont reçu leur exécution.

Viennent maintenant les demandes et les vœux formulés

par le conseil colonial, et ici je dis encore avec confiance que je crois avoir rempli avec quelque succès les devoirs qui m'étaient imposés.

La première de ces demandes , et certainement la plus importante dont j'aie eu à m'occuper, est celle relative à l'emploi des fonds provenant de la subvention métropolitaine. Pendant longtemps l'administration coloniale avait cru pouvoir soutenir que ce fonds, n'étant pas le produit de recettes locales votées par le conseil colonial, cette assemblée ne pouvait pas avoir la prétention d'en régler l'emploi autrement que par de simples observations d'un grand poids, sans doute, auprès de l'administration, mais qui, à son sens, n'avaient pas un caractère obligatoire. Cette doctrine parut définitivement consacrée par une lettre ministérielle du 31 octobre 1840, communiquée au conseil en sa session extraordinaire de la même année.

Cependant le conseil colonial n'en admit pas le principe, et à la suite d'un rapport fort remarquable de sa commission du budget des dépenses et recettes locales pour 1841, tout en se soumettant à la décision miuistérielle, il maintint cependant le principe qn'il avait déjà fait valoir. Il y avait donc là une dissidence grave entre la colonie et le gouvernement de la métropole.

Je dus m'attacher à la faire disparaître, et profitant du moment où, par une loi nouvelle, il allait être apporté une réforme importante dans le régime financier des colonies, je parvins, à la suite de plusieurs conférences avec le chef de l'administration coloniale, à faire prévaloir le droit invoqué par le conseil de régler l'emploi du fonds de subvention accordé par la métropole à notre service local. Aujourd'hui, en effet, ceci ne fait plus question, et le conseil exerce pleinement ses attributions de contrôle sur toutes les parties de ce budget.

Une autre difficulté, non moins épineuse, dût être peu après l'objet de mes démarches et de mes réclamations auprès de M. le ministre de la marine, et s'est trouvée résolue avec non moins de succès ; voici à quelle occasion :

La loi du 25 juin 1841, destinée à régler le régime financier des colonies, divise leur budget en deux parties distinctes sous les dénominations de service général et de service local.

Au service général sont classées toutes les dépenses que j'appellerai de souveraineté, elles sont en grande partie à la charge de la métropole, qui y pourvoit des deniers de l'Etat. Au service local figurent les dépenses d'administration intérieure, celles qui concernent plus spécialement les besoins locaux de la colonie ; pour celles-là, il était posé en principe qu'il devait y être pourvu, par les colonies elles-mêmes, au moyen de certaines recettes affectées spécialement à ce service.

Toutefois, comme ces recettes n'étaient pas suffisantes dans toutes les colonies pour couvrir les dépenses de leur service local, la loi de 1841 avait admis que, dans le cas d'insuffisance bien démontrée, il pourrait être pourvu à l'équilibre du budget au moyen d'une subvention du trésor public, et cette subvention fut fixée, pour la Guyane, à la somme de 216,850 fr., égale au déficit que paraissait offrir son budget local pour 1841.

Mais on ne tarda pas à reconnaître qu'il y avait eu erreur dans cette appréciation des besoins du pays, et le règlement du budget de 1842 constata, bientôt après, une insuffisance de 84,000 francs environ, à laquelle le conseil colonial et l'administration intérieure demandèrent qu'il fut pourvu par une augmentation de la subvention métropolitaine.

Cette demande soulevait de graves difficultés ; on lui opposait la loi du 25 juin elle-même, qui, ayant fixé le chiffre de la subvention à 216,850 fr., ne permettait pas qu'il fût dépassé, et ce nouveau crédit demandé aux chambres par M. le ministre de la marine, fut en effet repoussé une première fois par la commission du budget. C'était là, il faut le reconnaître, un échec grave et peu propre à maintenir le ministère de la marine dans les dispositions favorables qu'il nous avait déjà montrées ; car, disons-le ici, les administrations publiques, craignent beaucoup d'éprouver devant les chambres de pareilles déconvenues.

Toutefois, je ne me décourageai pas, et avant l'ouverture de la session suivante, je remis au ministre une note dans laquelle je lui exposai avec conviction les besoins de notre colonie, et les résultats déplorables qui pourraient résulter du refus du nouveau crédit qu'elle réclamait de sa bienveillance. Le succès couronna mes espérances, et cette affaire fut réglée à notre entière satisfaction. Aujourd'hui, le chiffre de notre subvention, porté à 294,000 francs, et réuni au produit des impositions affectées à notre service local, élève nos recettes, à la somme de 500,000 fr. qui, *dans les temps ordinaires* paraît devoir être suffisante pour tous les besoins de ce service.

Le conseil colonial a encore, dans ses attributions, l'examen des budgets du service général et des services militaires; et, bien que son vote sur ces deux chapitres ne soit que consultatif, il n'en a pas moins une grande importance puisqu'il peut servir à éclairer le gouvernement sur tout ce qui tient à l'ordre administratif et à la sécurité du pays.

Le délégué de la colonie doit donc suivre, avec toute l'attention possible, les délibérations du conseil sur ces deux importantes parties des services publics, et son intervention auprès du gouvernement, devient ici d'autant plus nécessaire qu'elle doit, pour ainsi dire, compenser les restrictions que la loi du 24 avril 1833 a cru devoir mettre à l'autorité du conseil colonial sur ces matières.

C'est encore, mes chers compatriotes, ce que votre délégué a parfaitement compris, et sur quoi il pense n'être pas resté au-dessous de sa mission.

Pour joindre quelques preuves à l'appui de cette assertion, je citerai d'abord les négociations relatives au recrutement des troupes noires, si utiles pour le service des postes dans les différents quartiers de la colonie.

Sans vouloir entrer ici dans des détails inutiles sur cette affaire, je rappellerai seulement qu'à la suite des difficultés soulevées à l'occasion de l'arrestation du navire *la Sénégambie* par les autorités anglaises, le ministère de la marine avait pris la résolution de renoncer au système d'enrôlement auquel nous devions l'entretien de l'effectif de la compagnie des troupes noires organisées dans notre colonie. Il était résulté de cette décision que, à la suite de congés successifs accordés aux militaires qui avaient fini leur temps d'engagement, cette compagnie se trouvait réduite à un chiffre qui faisait pressentir sa prochaine dislocation.

Le conseil colonial s'en émût avec juste raison, et, dans sa session de 1844, il en fit l'objet de réclamations sérieuses, qui, suivies convenablement auprès du gouvernement par votre délégué, furent prises en considération ainsi qu'elles le méritaient, et obtinrent le retour à l'ancien système d'enrôlement. Bientôt cette compagnie, organisée au grand complet, assurera à la colonie le service régulier des postes des différents quartiers, que les difficultés climatériques propres à notre pays auraient peut-être forcé à évacuer, dans l'impossibilité où l'on se serait trouvé de les faire occuper par des soldats européens.

Au nombre de ces questions, je citerai les négociations relatives au détachement de la gendarmerie royale chargé de la haute police de la colonie. On sait, en effet, combien de difficultés il a fallu d'abord surmonter pour parvenir à organiser ce corps lors de son arrivée dans la colonie. Elles furent à ce point que, pendant un moment, on en était venu à mettre en doute l'utilité qu'il pouvait y avoir à le conserver, et déjà il avait été question de le relever pour s'en tenir à l'escouade de police qui figure au budget du service local.

Cette disposition eût été désastreuse pour l'ordre public dans un moment d'agitation comme celui où la colonie se trouve aujourd'hui, et alors que, par suite des nombreuses concessions d'affranchissement qui ont lieu, il existe dans le pays une nombreuse population flottante qui, n'étant pas encore classée, exige une surveillance d'autant plus active. Ces considérations ne pouvaient manquer de frapper votre délégué, et ses démarches auprès de l'administration des colonies n'ont pas été sans effet pour décider la réorganisation d'un corps dont l'utilité était si évidemment démontrée.

Je pourrais citer encore maintes circonstances pareilles, dans lesquelles l'intervention de votre délégué a été aussi utile que fructueuse aux intérêts publics ; mais ces détails seraient fastidieux, et sortiraient, au surplus, du cercle que je me suis tracé pour cet exposé, dont l'objet n'est point, en vous entretenant du passé, de faire l'apologie de ma conduite, mais plutôt de vous exposer la véritable position des délégués des colonies, et à quelles conditions ils pensent servir utilement les intérêts qui leur sont confiés.

La seconde partie des affaires coloniales, réservée, par la loi du 24 avril 1833, à la décision des pouvoirs métropolitains, est sans contredit la plus importante, puisqu'elle renferme la question de l'esclavage et celle des tarifs à l'importation de nos denrées. Ici l'importance des fonctions des délégués des colonies grandit en quelque sorte, et leur action, quoiqu'elle ne soit pas parfaitement définie par la loi, et peut-être même pour ce motif, s'étend à tous les pouvoirs de l'État, auprès desquels leur position leur donne un accès légal et le droit de se faire entendre.

On conçoit, en effet, que les colonies étant exclues du droit d'envoyer des députés à la chambre élective, où se décident cependant les questions qui importent le plus à leur existence, leurs représentants légaux soient au moins en possession du droit de faire entendre leurs réclamations auprès de ceux-là même qui doivent prononcer sur ces intérêts. Ceci, au surplus, n'a jamais été contesté, et cette intervention s'est exercée dans plusieurs circonstances importantes dont je citerai ici quelques exemples.

En 1842, le Ministre de la marine ayant présenté aux chambres un projet de loi tendant à restreindre les attributions des conseils coloniaux en matière de finances, le conseil des délégués demanda à faire valoir ses réclamations devant la commission des députés chargée d'en faire l'examen, et sur ses observations, le projet de loi ayant été largement amendé par la commission, le gouvernement eut la sagesse de le retirer.

En 1843, lorsqu'il s'agissait d'une nouvelle loi d'impôt sur lessucres, ce fut, il faut le reconnaître, l'intervention du con-

seil des délégués auprès du gouvernement du Roi, qui décida
le conseil des ministres à proposer la suppression du sucre indigène, mesure aussi importante comme question de haute
politique, que par l'intérêt que les colonies y attachaient directement. Si cette proposition n'obtint pas dans la chambre
élective tout le succès qu'elle méritait, du moins fût-il bien
constaté, par la discussion lumineuse qui s'établît, que les
intérêts des colonies n'étaient pas demeurés incompris, et
qu'ils avaient su trouver d'éloquents organes pour les
exposer.

L'année suivante vit naître le projet concernant le régime
des esclaves, qui devait agiter si vivement nos possessions coloniales, en ouvrant pour elles l'ère d'une transformation sociale, pour laquelle il était évident que les colonies ni le gouvernement lui-même n'étaient pas suffisamment préparés.
Ici encore l'intervention du conseil des délégués ne fut pas
sans produire d'heureux résultats. C'est, en effet, à leurs
observations que l'on a dû de voir la chambre des pairs repousser les prétentions du gouvernement qui tendaient à faire
régler, par voie d'ordonnances royales, les rapports qui doivent exister entre les maîtres et leurs esclaves, pour y substituer le principe législatif qui nous abrite aujourd'hui contre
les entraînement philanthropiques, auxquels les affaires coloniales sont malheureusement livrées.

C'est également à l'intervention des délégués que l'on a
dû la disposition insérée à l'article v de la loi, laquelle oblige
tout nouvel affranchi à contracter un engagement de travail
de cinq ans. Il en est de même de la disposition comprise à
l'article xvi de la loi concernant les individus en état de va-
gabondage. Ces deux dispositions sagement appliquées pourraient avoir les plus heureuses conséquences sur l'avenir des

colonies, en y préparant avec prudence et sans secousse l'organisation du travail libre, but vers lequel nous devons tous nous diriger aujourd'hui.

Enfin, pendant la dernière session des chambres, l'influence du conseil des délégués a eu encore à se faire sentir avec non moins de succès, à l'occasion du projet de loi destiné à régler la perception de l'impôt sur le sucre indigène. Ce fut, en effet, à la suite de diverses notes remises au gouvernement et de démarches réitérées auprès des commissions des deux chambres, qu'il parvînt à faire disparaître de cette loi, si importante pour la principale industrie coloniale, différentes dispositions qui, si elles eussent prévalu, auraient assuré, dès ce moment, à la production indigène une prépondérance sur le marché métropolitain contre laquelle la sucrerie coloniale aurait vainement cherché à lutter.

Telle a été, mes chers compatriotes, la manière dont s'est exercée l'influence politique du conseil des délégués des colonies, et en vous citant ces faits principaux, je choisis dans les nombreuses affaires dont il a eu à s'occuper, celles dont vous pouvez le plus facilement apprécier l'importance. Mais, il faut le dire avec vérité, la mission politique des délégués des colonies ne se résume pas simplement dans des actes évidents, tels que des lois et des ordonnances, elle se manifeste plutôt par une action incessante auprès des pouvoirs publics, par une lutte de tous les instants contre les préjugés que l'on nourrit ici envers tout ce qui se rattache aux colonies; contre l'ignorance qui décide de nos intérêts sans avoir pris la peine d'en faire la plus simple étude; contre la malveillance, enfin, qui ne recule pas devant le mensonge et la calomnie pour soulever les passions, exciter les haines contre la société coloniale, et arriver au but qu'elle s'est proposée depuis longtemps, la ruine et la destruction des dernières colonies que possède encore la France.

Voilà la mission difficile que les délégués ont à remplir, travail ingrat s'il en fût jamais, puisque, quel que soit le bien que vous aurez pu produire, quels qu'aient pu être vos succès, il ne vous en sera tenu aucun compte, car ils disparaîtront toujours devant la somme du mal que vous n'aurez pas eu la puissance d'empêcher !

Le conseil des délégués a encore dans ses attributions officielles de donner son avis sur les projets d'ordonnances royales concernant les colonies, et l'art. 2 de la loi du 24 avril 1833 accorde au gouvernement la faculté de consulter, soit le conseil des délégués, soit les conseils coloniaux. Il est résulté de cette disposition que généralement pour les questions qui ont paru présenter un caractère d'urgence, on s'est adressé au conseil des délégués, tandis que l'on renvoyait aux conseils coloniaux les matières qui, par leur nature, n'exigeaient pas une prompte solution. D'après cette règle, tracée, au reste, par le bon sens, le gouvernement a dû prendre l'avis du conseil des délégués sur toutes les ordonnances destinées à compléter les lois des 18 et 19 juillet 1845, qui n'auraient peut-être pas dû être publiées séparément de ce complément indispensable.

Ici, le conseil des délégués se trouvait en présence de lois déjà promulguées contre lesquelles il n'y avait plus à s'élever ; ces lois prescrivaient certaines ordonnances ; il ne pouvait donc plus être question de discuter leur utilité, mais bien d'en examiner les dispositions et de s'assurer si elles ne s'écartaient pas des principes établis. Ce sont ces réflexions qui ont dirigé tout le travail auquel le conseil s'est livré, et dans les observations motivées qu'il a remises au gouvernement sur les différents projets dont il a eu à s'occuper, il s'est particulièrement attaché à faire accorder les exigences de la situation avec les conditions de discipline et de travail qui lui paraissaient indispensables pour ne pas compromettre l'ordre public et la propriété dans les colonies. Si, dominé par certaines préoccupations auxquelles le gouvernement, à mon avis, se livre avec trop de facilité, le Ministre de la marine n'a pas cru devoir se rendre aux observations du conseil et adopter toutes les modifications qu'il a proposées, du moins la responsabilité de ces actes repose-t-elle aujourd'hui entièrement sur ceux qui les ont formulés, et qui, dans leur empressement à vouloir improviser des réformes que le temps seul devrait être chargé d'établir, n'ont pas craint, pour satisfaire de vaines théories, de compromettre l'existence des dernières possessions coloniales que la faulx révolutionnaire a épargnées à la France.

En dehors de ces questions d'intérêt général, et dont le conseil des délégués a dû s'occuper, il appartenait encore à chaque délégué de suivre les questions spéciales qui pouvaient intéresser la colonie qu'il représente, au point de vue de l'émancipation des esclaves, et des réformes à introduire dans son organisation intérieure. Sous ce rapport, la Guyane était certainement celle de toutes nos colonies qui offrait le plus vaste champ aux préoccupations de son représentant, puisque sa constitution physique, l'état de son agriculture et le mouvement de sa population, appellent des mesures promptes et sérieuses, si on ne veut, avant longtemps, voir disparaître cette colonie de la carte des pays où la civilisation a été introduite.

Ceci, mes chers compatriotes, me conduit à vous entretenir de l'importante question qui vous a si vivement préoccupés dans ces derniers temps, et qui a amené dans notre colonie, où plus que partout ailleurs nous avons besoin de nous rallier sous la bannière des intérêts publics , une désunion que rien ne pouvait motiver, et que je ne saurais trop regretter ; je veux parler du projet d'association de MM. J. Lechevalier, Sauvage et de Saint-Quentin.

Il est de mon devoir, dans une question aussi importante, de vous relater avec clarté tout ce qui s'est passé ; de vous faire connaître les négociations auxquelles j'ai pris part, ainsi que les motifs qui m'ont fait agir. Cet exposé aura pour résultat, j'ose l'espérer, de vous convaincre que ma conduite, dans cette affaire, n'a jamais eu pour mobile que l'intérêt de la colonie ; et que, tout en suivant avec zèle et activité cette question si nouvelle et si compliquée, j'ai su cependant mettre dans mes démarches la réserve et la prudence nécessaires pour éviter de compromettre notre position actuelle par des actes ou par des écrits qui eussent pu, dans d'autres circonstances, être des armes dangereuses entre les mains de nos éternels ennemis les abolitionnistes.

Vous savez tous, mes chers compatriotes, que dès l'année 1840, à la suite des deux rapports importants lus à la Chambre des députés sur la question de l'abolition de l'esclavage (1), le gouvernement jugea utile d'instituer, sous la présidence de M. le duc de Broglie, une commission chargée d'étudier les différentes questions coloniales, mais plus particulièrement celle de l'abolition de l'esclavage. Cette commission se composait d'hommes trop importants, et dont les opinions abolitionistes étaient trop connues, pour qu'il fût permis de s'aveugler sur les résultats de ses travaux ; il était donc évi-

_____

(1) Rapports de MM. de Rémusat et de Tocqueville

dent pour toute personne un peu initiée aux affaires publiques, que ses conclusions seraient en faveur de l'émancipation, et que le gouvernement se verrait forcé d'y faire droit.

En effet, dès ses premières réunions, elle s'empressa de mettre hors de discussion le principe de l'émancipation, pour ne s'occuper que des moyens par lesquels cette grande réforme pourrait se réaliser le plus utilement; et par sa lettre du 18 juin 1840, le président de la commission remettait au ministre de la marine trois projets d'émancipation des esclaves, en l'invitant à les faire examiner par des commissions spéciales créées dans chaque colonie. Dès ce moment, on pouvait dire que l'émancipation était mise à l'ordre du jour. (Voir annexe lettre A.)

Le conseil colonial de la Guyane, convoqué en session extraordinaire, le 1er octobre 1840, reçut communication officielle des projets d'émancipation préparés par la commission siégeant à Paris, et fut invité à les mettre à l'ordre du jour de ses délibérations.

Le 19 janvier 1841, la commission du conseil, chargée d'en faire l'examen, déposa son rapport, qui concluait à repousser les trois systèmes d'émancipation proposés comme étant intempestifs, et devant avoir pour résultat de ruiner les maîtres, et de placer les nègres affranchis dans une condition pire que l'esclavage lui-même. Il ajoutait subsidiairement ces résolutions que je crois utiles, pour la parfaite intelligence de la question, de reproduire textuellement ici.

« Le conseil colonial, légal représentant du pays, de« mande donc d'une manière formelle et positive, pour le
« cas où l'un des trois systèmes d'émancipation présentés
« par la commission des affaires coloniales prévaudrait, que

« l'intégralité de la valeur du personnel, du matériel et du
« fonds, soit remboursée aux colons avant la dépossession.

« Le gouvernement, devenu propriétaire par suite de
« ce remboursement, serait aidé dans son œuvre par les co-
« lons qui se feraient ses fermiers, et dont l'intérêt serait
« alors évidemment de le seconder de tout leur con-
« cours. »

Puis enfin, la commission terminait par cette autre demande :

« Le conseil termine par un vœu sincère, qui est le té-
« moignage de sa bonne foi. Il demande qu'une commission
« d'hommes éclairés et impartiaux soit envoyée dans la co-
« lonie, avec mission de faire un rapport détaillé sur les
« faits. Cette mesure lui paraît indispensable avant tout
« acte qui tendrait à l'émancipation, etc. »

Ce rapport fut adopté à l'unanimité par le conseil colonial. (Voir annexe, lettre B.)

Ainsi, mes chers compatriotes, voilà bien la ligne politique de votre délégué, en matière d'émancipation, tracée
d'une manière claire et précise. Obtenir pour les colons une
indemnité entière, tant pour les esclaves affranchis que pour
le fonds de terre et le matériel d'exploitation, mais avant
tout, l'envoi d'une commission sur les lieux pour étudier la
question et en faire rapport au gouvernement.

Certes, il faut en convenir, la tâche n'était pas facile, puisque jusqu'alors, s'il avait été question d'indemnité pour la
dépossession des esclaves, jamais personne n'avait encore
pensé à étendre cette indemnité sur la terre et les usines ; et
tout le monde sait que l'Angleterre même, que l'on s'atta-
che à nous représenter comme ayant agi généreusement envers ses colons, avait cependant restreint cette générosité

à une simple indemnité pour les personnes affranchies.

Quant à l'envoi d'une commission, la demande n'était peut-être pas plus facile à faire accueillir, puisque c'était précisément ce que le gouvernement venait de réaliser, en consultant, d'une part, le conseil colonial, réunion des hommes les plus graves et les plus éclairés du pays, et, d'autre part, en appelant également à examiner la question un conseil spécial composé des principaux chefs des administrations publiques. Certes, il était difficile de s'entourer de plus de lumière que ne le faisait le gouvernement, et de prendre ses inspirations à des sources plus compétentes sur la question.

Cependant, malgré la difficulté de la tâche, le délégué de la colonie ne désespérera pas de la résoudre avec succès ; mais il dut penser qu'en la lui imposant, le conseil laissait à son intelligence des affaires publiques l'emploi des moyens qui lui paraîtraient les plus utiles pour la solution du problème, tout en évitant cependant de compromettre la position.

Si, en effet, j'eusse dû borner mes démarches à transmettre cette résolution au gouvernement et à attendre sa décision, l'affaire eût été fort simple et ne m'eût aucunement embarrassé ; mais il est facile de comprendre que ceci n'eût amené aucun résultat ; et pour mener la négociation à bien, je devais m'attacher à donner à la question une autre physionomie que celle d'une simple question d'émancipation ; il fallait pour ainsi dire lui former un cortége au milieu duquel elle eût pu se dissimuler.

La circonstance se prêtait merveilleusement à une pareille combinaison, car, au moment où la délibération du conseil colonial me parvenait, la commission présidée par M. le duc de Broglie venait d'être saisie d'un *projet de colonisation de la Guyane, et de réorganisation de la propriété foncière,* que **M. J.** Lechevalier récemment arrivé de la colonie avait arrêté avec quelques‑uns des principaux habitants du pays. Ma conduite dès‑lors se trouvait toute tracée, et elle se résumait à appuyer le nouveau projet mis à l'examen, en y introduisant habilement les deux propositions du conseil relatives à l'é‑mancipation.

Ce plan étant arrêté, je me mis aussitôt en rapport avec **M. J.** Lechevalier ; je vis quelques‑uns des membres de la commission, et je chargeai particulièrement le directeur des colonies de déclarer dans une de ses séances que je me portais fort de l'assentiment général des colons à la réalisation d'un plan analogue à celui proposé par **M. J.** Lechevalier, et qui, basé sur le principe de l'émancipation, *comporterait en faveur des colons expropriés l'indemnité de la terre et des travail-leurs.* (Voir annexe B.)

Je le répète encore ici, si les deux demandes du conseil co-lonial eussent eu la moindre chance de pouvoir être accueillies favorablement, dégagées de toute autre combinaison, il eût bien certainement été inutile de chercher ce moyen détourné pour en obtenir la réalisation , et il eût été beaucoup plus simple de se poser carrément, et de dire : « *En fait d'éman-* « *cipation, voici notre ultimatum.* » Mais malheureusement, chacun sait qu'il n'en est point ainsi ; que les colonies sou-mises aux volontés de leur métropole n'ont point à lui impo-ser leurs volontés ; que c'est elle au contraire qui décide de leur sort, qui leur dicte les lois qui doivent les régir. Or, pour quiconque a un peu étudié les différentes phases de l'abolition de l'esclavage, peut‑il être douteux un seul instant que pré-tendre obtenir des pouvoirs de l'État de tenir compte aux co-lons dans le cas d'émancipation, du capital foncier qui serait exposé par cette mesure, ce serait vouloir l'impossible?

Ce que l'on doit rechercher quand on est chargé des intérêts publics, c'est la réussite dans les négociations que l'on entreprend; j'étais certain d'échouer en entamant la négociation pour l'indemnité sur le terrain où le conseil colonial l'avait placée, je devais donc lui chercher une autre position, et l'on ne saurait nier que je lui en préparais une excellente en l'associant à un plan de colonisation déjà mis à l'examen de la commission des affaires coloniales. Peu importait après tout, lorsque j'aurais atteint mon but, que l'indemnité nous fût donnée au nom de la colonisation ou au nom de l'abolition de l'esclavage.

Ce que j'avais espéré se réalisa en effet, et la commission, par l'examen sérieux qu'elle fit du plan de **M. J. Lechevalier,** lui donna en quelque sorte un caractère officiel, et le plaça au nombre des questions auxquelles le gouvernement devait s'attacher à donner une solution. Son avis fut d'ailleurs en parfait accord avec les demandes du conseil colonial, car il se résumait à inviter le ministre de la marine à prêter son concours à l'envoi sur les lieux d'une commission qui serait chargée d'explorer le territoire de la Guyane sous les divers aspects que comporte une exploitation commerciale et agricole. (Annexe C.)

Par ma lettre du 14 mai 1841, je rendis compte au conseil colonial de l'état de cette affaire, en l'invitant à me faire parvenir ses instructions, s'il en avait de nouvelles à me donner. C'était certainement avoir beaucoup fait pour l'œuvre dont j'étais chargé, que d'avoir placé les propositions du conseil sur un terrain aussi avantageux; mais ce succès me mettait précisément dans l'obligation de continuer ma négociation avec plus d'activité, si je ne voulais pas perdre l'avantage déjà obtenu. Je savais d'ailleurs que le travail de la commission sur l'émancipation avançait rapidement, et je ne pouvais pas me dissimuler qu'avant longtemps le gouvernement serait obligé d'y faire droit, en se décidant pour l'un ou l'autre des projets qu'elle avait arrêtés. C'était là un motif déterminant pour ne négliger aucun moyen utile de faire prévaloir le système du conseil colonial, et je ne pouvais rien trouver de mieux après l'avis favorable, mais restrictif, de la commission présidée par M. le duc de Broglie, que de placer la question de la Guyane entre les mains d'une commission spéciale composée d'hommes influents dans l'Etat qui en deviendraient en quelque sorte les patrons, et pourraient en temps utile l'appuyer de leur autorité.

C'était encore la séparer en quelque sorte de celle des autres colonies, en faire une question à part, et lui ménager ainsi, pour le moment où l'abolition de l'esclavage serait décidée, un système spécial dans lequel les colons pourraient trouver les garanties qu'ils désiraient.

Ces réflexions me décidèrent à demander au gouvernement du roi de vouloir bien remettre aux soins d'une commission spéciale l'examen des plans de colonisation de M. J. Lechevalier.

Un arrêté de M. le président du conseil des ministres, sous la date du 15 janvier 1842, fit droit à cette requête, et désigna M. le comte de Tascher pour présider cette commission. (Voir annexe D.)

Par ce fait, la cause de la Guyane se trouvait donc séparée de celle des autres colonies, elle devenait une question à part, pour laquelle le gouvernement pouvait adopter une solution particulière, tout-à-fait en dehors de ce qui serait décidé pour les autres possessions à esclaves de la France. D'un autre côté, on trouvait encore dans la situation préparée l'avantage d'attirer l'attention publique sur une possession aussi importante, et par conséquent d'ouvrir de plus grandes chances de succès au plan de colonisation qui allait être soumis à une discussion qui serait rendue publique.

Il serait inutile de m'étendre ici sur les travaux de cette commission dont je faisais partie, et dans le sein de laquelle je m'attachai toujours à faire ressortir de la manière la plus évidente, an point de vue de la colonisation, tous les avantages que pouvait offrir le sol fertile de la Guyane et la variété de ses productions. Il me suffira de dire que ce que j'avais prévu de la publicité donnée à ses délibérations ne tarda pas à se réaliser, par l'accession de M. Ternaux-Compans (aujourd'hui membre de la chambre des députés) et de M. Joly de Lotbinière au projet de colonisation que la commission était chargée d'examiner.

Ces Messieurs m'informèrent de leur résolution par leur lettre du 9 janvier 1843 (Voir annexe E.)

Ainsi donc, le but que je m'étais proposé se rapprochait ; la solution que j'avais espérée de mes démarches se préparait et les vœux du conseil colonial exprimés dans sa résolution du 19 janvier allaient pouvoir se réaliser, la fortune, l'avenir de mes concitoyens pourraient être mis à l'abri des chances de l'émancipation que chacun de nous regarde à juste titre comme devant être une cause de ruine pour nos colonies ; certes, je n'avais qu'à m'applaudir de ma conduite !

C'est ici le lieu de dire deux mots de la combinaison financière sur laquelle reposaient les plans de M. Jules Lechevalier ; cette combinaison ayant été vivement attaquée par les personnes qui ont cru devoir s'opposer à la réalisation de cette opération, il ne sera pas inutile que je cherche ici à démontrer les erreurs dans lesquelles leur opposition a pu les entraîner.

Le point de départ des plans de M. J. Lechevalier soumis à l'examen de la commission présidée par M. le duc de Broglie était le rachat, par une compagnie de capitalistes européens formée sous la garantie de l'Etat, de toute la propriété foncière de la colonie, esclaves, terres et usines, pour exploiter cette propriété sur de nouvelles bases. Dans cet ordre d'idées les colons auraient reçu le paiement intégral des valeurs remises aux mains de la compagnie et n'auraient plus eu à s'occuper de ses opérations.

Mais une grave objection avait été soulevée contre cette combinaison dans les deux commissions qui s'en étaient occupées, et il était évident pour moi qu'elle serait un obstacle sérieux à la réalisation des plans que nous poursuivions. Cette objection portait précisément sur la complète exclusion de toute espèce d'intérêt des anciens colons dans l'entreprise, et la substitution à leur place des nouveaux agents de la compagnie. On disait en effet, avec quelque raison : « En désin-
« téressant entièrement les colons actuels vous les mettez en
« position d'abandonner le pays où cependant leur expé-
« rience du climat et des localités eût été utilement em-
« ployée pour les opérations de la compagnie; vous vous
« privez ainsi des agents les plus indispensables, et dont vous
« auriez le plus grand intérêt à vous assurer le concours.
« Mais si cependant, d'un autre côté, ces mêmes colons qui
« ont pour eux l'expérience ne veulent pas se joindre à vous,
« demeurer intéressés dans votre entreprise, c'est sans doute
« qu'ils en auront reconnu les difficultés et qu'ils n'y auront
« aucune confiance, et certes on ne saurait trouver de meil-
« leurs juges en pareille matière. »

Cette objection, on ne peut se le dissimuler, était grave et de nature à faire échouer entièrement nos projets; je dus donc chercher les moyens de la faire tomber, et trouver une autre combinaison qui, sans diminuer en rien les garanties que le conseil colonial avait demandées n'offrît cependant pas de motifs à une pareille difficulté. Sans aucun doute que la combinaison de substituer la compagnie de colonisation au lieu et place des propriétaires, en leur payant intégralement les propriétés dont ils lui auraient fait cession était la plus simple, celle qui présentait le moins d'éventualités, et il eût été à désirer qu'elle pût prévaloir. Mais lorsqu'il m'était dé-montré par mes rapports soit avec les membres de la commission, soit avec les différents chefs d'administration qu'une opération de cette nature pouvait concerner, que l'absence de toute participation des habitants de la colonie à cette affaire serait un obstacle infranchissable à son adoption, c'était sans aucun doute une obligation pour moi de tourner la difficulté et de poursnivre le même but par un autre chemin.

Ce que doit vouloir un homme public dans les négociations dont il est chargé, c'est de réussir ; les caractères absolus se placent sur un terrain, acceptent une combinaison quel-conque, et quoi qu'il puisse arriver ils tiennent à s'y main-tenir, à n'en pas dévier ; les hommes d'affaires, au contraire, voient le but à atteindre, c'est là la pensée qui les dirige, et ils se préoccupent peu du chemin qui les y conduit.

Ce fut sous l'empire de ces réflexions que je me décidai à m'entendre avec MM. Lechevalier, Ternaux-Compans et Joly de Lotbinière, pour substituer à leur premier plan une com-binaison qui, en faisant entrer les colons dans l'entreprise, en les y intéressant, fit disparaître la grave objection qui avait été soulevée et menaçait de nous faire échouer. Cette combinaison était l'association des colons dans entreprise pour la valeur des propriétés qu'ils y apporteraient. Pour représenter cette valeur la compagnie leur eût distribué des coupons d'action transmissibles et dont le cours d'émission eût toujours été assuré au moyen de la garantie d'un minimum d'intérêt donnée par l'État. De cette manière trois intérêts se seraient trouvés réunis dans l'opération.

1° Celui des colons qui apportaient le capital foncier évalué à. . . . . , . . . 40,000,000 fr.

2° Celui des capitalistes métropolitains qui versaient, pour servir de fonds de roulement. 20,000,000

Total du capital social. 60,000,000

3° Celui de l'État qui devait accorder une garantie d'un minimum d'intérêt sur ce capital social.

Je n'avais pas dès-lors à m'occuper des opérations de la compagnie, du plus ou moins de chances de succès qu'elle pouvait avoir ; ceci, je ne crains pas de le dire, ne m'intéressait que médiocrement. Mon but, dans toute cette affaire, m'était tracé par la résolution du conseil colonial. *« Assurer « aux colons, au cas d'émancipation, l'indemnité intégrale « de leurs propriétés, »* Or, le moment de l'émancipation approchait de jour en jour ; car la commission, présidée par M. le duc de Broglie, venait de clore ses travaux, et je trouvais dans la nouvelle combinaison, à laquelle je m'étais arrêté, la garantie de cette indemnité, puisque au moyen de la garantie de l'État, les actions de la compagnie avaient un cours assuré, qui aurait permis à leurs porteurs de les vendre à la Bourse sans aucune perte, et de réaliser ainsi le capital engagé.

Cependant, pour ne rien laisser dans le doute à cet égard, et pour augmenter les garanties des intéressés contre la dépréciation des valeurs dont ils seraient porteurs, il y avait encore une autre précaution à prendre, et celle-là, je ne la négligeai pas ; c'était de placer l'opération sous le patronage d'un de ces hommes connus dans la finance, et dont le nom seul assure aux opérations qu'ils abritent un succès toujours certain. Sous ce rapport, je ne pouvais pas mieux m'adresser qu'à l'habile financier qui dirige presque toutes les grandes entreprises industrielles de France, et j'obtins de M. le baron James de Rothschild de consentir à être le banquier de la nouvelle compagnie, lorsqu'elle se constituerait. Dès-lors, tous les obstacles me parurent levés, toutes les difficultés aplanies. Je m'empressai d'informer le conseil colonial de ce qui s'était passé, et de lui demander ses instructions. Le conseil en délibéra dans sa session de 1843, et il adopta la nouvelle combinaison que je lui avais présentée. (Voir Annexe F.)

C'est ici le lieu de répondre quelques mots aux objections qui ont été soulevées dans la colonie contre la valeur réelle d'une garantie d'intérêt donnée par l'Etat et contre le système des opérations par action.

On a dit que cette garantie d'intérêt ne pouvait être en quelque sorte que fictive, attendu que lorsque la compagnie aurait consommé dans ses opérations son fonds de roulement, si les produits ne répondaient pas à ses espérances, au lieu de distribuer à ses actionnaires l'intérêt à recevoir de l'Etat, elle l'emploierait à couvrir ses dépenses, et l'on a cité comme exemple la compagnie du chemin de fer d'Orléans.

Qu'il me soit permis de dire, en passant, que l'exemple n'était pas heureusement choisi, puisque c'est le contraire qui a eu lieu. La compagnie d'Orléans, en effet, constituée sur un capital de 40 millions, s'est trouvée, avant d'avoir pu achever la ligne de Paris à Orléans, en déficit de 10 millions, et pour cela cependant, elle n'a pas cessé un seul jour de payer à ses actionnaires l'intérêt qui leur avait été garanti. Elle a recouru à un moyen plus simple, elle a contracté un emprunt pour la somme qui lui faisait déficit, et elle le rembourse par annuités. Mais bien plus, c'est que l'Etat, toujours disposé à favoriser les grandes entreprises industrielles, a accordé à l'administration de cette compagnie de faire figurer l'intérêt de l'emprunt contracté au compte de ses dépenses administratives, ne voulant pas que cette dépense pût être prélevée sur le montant de l'intérêt qu'il avait garanti.

Aujourd'hui cette compagnie distribue à ses actionnaires, non pas 3 p. 100 d'intérêt, mais bien 11 p. 100 (55 fr. par action de 500 f.); on voit que l'on aurait pu chercher un exemple plus convaincant.

Mais revenant au fond de la question, je répondrai qu'il eût fallu, de la part de l'administration de la compagnie, une imprévoyance peu ordinaire pour ne pas savoir, avec un fonds de roulement de vingt millions, combiner ses opérations de manière à ne pas engager l'intérêt à toucher de l'État. Quel motif, en effet, de se tant presser? Pourquoi précipiter ses opérations de manière à être endettée dès la seconde année? Ne lui eût-il pas été facile de réduire ses opérations à une dépense annuelle de deux, de trois millions, d'en voir les résultats, et s'ils n'eussent pas répondu à ses espérances de s'arrêter, en se bornant à certaines exploitations qui, ne demandant pas de grandes dépenses, ne pouvaient entraîner la compagnie dans des dangers que l'on s'est attaché à grossir? Dès-lors, l'intérêt garanti par l'État ne pouvait être détourné de son application; il était payé régulièrement aux actionnaires, et cette régularité seule suffisait pour faire monter les titres. Voilà, il me semble, ce que le simple bon sens semblait nous dicter, car, ne cessons pas de le répéter ici, ce que le conseil colonial avait voulu, c'était seulement une assurance contre les chances de l'émancipation, rien de plus, rien de moins, et cette assurance on la trouvait dans l'opération proposée.

On s'est effrayé du mot d'actions, et on a voulu voir l'agiotage s'attachant aux titres de la compagnie, soit pour en déprécier, soit pour en élever la valeur ! Disons-le ici, ces inquiétudes auraient pu être de mise il y a trente ans, alors que le principe d'association était à peine connu en France, et que les esprits supérieurs seuls cherchaient à le développer; mais c'est vraiment évoquer un fantôme, aujourd'hui que tout le système financier de la France repose sur le crédit public et sur les sociétés par action. La rente, en effet, ne représente, à proprement parler, qu'une réunion d'actionnaires plus ou moins intéressés dans les emprunts de l'Etat. Les grandes voies de circulation par la vapeur sont aux mains de compagnies par actions. Les grandes industries métallurgiques sont exploitées par des compagnies d'actionnaires. L'extraction du charbon de terre par actions, la sucrerie indigène par actions ; enfin, jusqu'aux magasins de nouveautés qui se montent aujourd'hui par actions ! Sur toutes ces valeurs, sans aucun doute, il y a des fluctuations de hausse et de baisse auxquelles la spéculation n'est pas étrangère; mais tous les genres de propriété ne sont-ils donc pas soumis à ces fluctuations, et la propriété foncière elle-même, pense-t-on qu'elle ait toujours la même valeur, qu'elle soit toujours également recherchée?

Je crois donc pouvoir affirmer que ces objections n'étaient

nullement fondées, et qu'il a fallu des motifs plus graves, plus sérieux pour décider l'opposition qui s'est manifestée dans la colonie contre cette combinaison. Ces motifs, je m'abstiendrai de les examiner; ils ne pèsent aucunement sur ma responsabilité, puisque, prenant leur source dans l'organisme de la colonie elle-même, ils s'attaquent à la racine de cette affaire, à la résolution du conseil colonial qui ne s'est pas trouvée d'accord avec le sentiment général du pays. Mais revenons à l'exposé des faits.

M'étant entendu, ainsi que je l'ai dit, avec les chefs de la compagnie de colonisation sur la nouvelle physionomie qu'il me semblait utile de donner à l'affaire dont ils étaient occupés, ils résolurent dès-lors de se rendre à la Guyane, tant pour y faire les études nécessaires que pour demander l'adhésion des habitants du pays à cette opération, sur les bases arrêtées entre nous. Dans ce but, ils adressèrent à M. le président du conseil des ministres des propositions qui furent renvoyées à l'examen de la commission de la Guyane.

La commission, réunie pour en délibérer, approuva ces propositions, et dans son rapport, remis au président du conseil, elle se résuma à inviter le gouvernement :

« A demander aux chambres un crédit de 500 mille francs
« destiné à continuer les études du projet de colonisation de
« la Guyane, moitié de cette somme devant être employée à
« envoyer sur les lieux une commission d'exploration, et l'au-
« tre moitié mise en réserve pour être employée, s'il y avait
« lieu, aux dépenses de publication et aux recherches propres
« à éclairer l'opinion publique sur l'utilité et les avantages des
« entreprises de cette nature. »

Toutefois, l'état avancé de la session, et peut-être aussi les dispositions dans lesquelles se trouvaient les chambres à cette époque, ne paraissant pas une circonstance favorable pour demander utilement le crédit indiqué dans le rapport de la commission, le conseil des ministres décida l'ajournement de cette opération, et en donna avis à **MM.** Ternaux-Compans, Joly de Lotbinière et Jules Lechevalier (Voir annexe **H**).

Cette décision, renvoyant à une époque peut-être encore éloignée la solution d'une question dont les intéressés attendaient, au contraire, la prompte exécution, ils ne pouvaient consentir à demeurer pendant un temps indéterminé sous l'obligation des propositions qu'ils avaient faites, et se résolurent, en conséquence, à la dissolution de la compagnie qu'ils avaient formée pour les études de la colonisation de la Guyane. Cette résolution eut nécessairement pour effet de suspendre momentanément le mouvement d'activité que j'étais parvenu à imprimer à cette affaire. Mais cependant, des résultats importants, et qu'il est bon de constater ici, avaient été obtenus :

1° Deux commissions avaient accepté sans réserve, comme base d'une opération d'émancipation des esclaves et de colonisation, le principe d'une indemnité qui comprendrait, avec la valeur des esclaves, celle des terres et des usines qu'ils exploitaient ; 2° ces deux commissions avaient invité le gouvernement à envoyer sur les lieux une commission d'études qui serait chargée de faire un rapport sur les questions d'émancipation et de colonisation ; 3° l'attention publique avait été appelée sur la Guyane, colonie oubliée depuis si longtemps, et cette contrée se trouvait dès-lors signalée comme le champ le plus fertile pour toute entreprise de colonisation.

Ici se termine ce que j'appellerai la première phase de l'affaire de la Guyane. Par suite de la dissolution de la compagnie qui s'était constituée pour en continuer les études, toute nouvelle entreprise se trouvait ajournée, au moins jusqu'à la prochaine session des chambres ; d'un autre côté, il n'était pas douteux, pour moi, que dans cette session nous verrions le gouvernement se décider pour un des plans d'émancipation que M. le duc de Broglie lui avait présentés dans son rapport, au nom de la commission des affaires coloniales. Je demeurais donc en présence de cette situation, avec les avantages acquis jusqu'à ce moment, et décidé à les faire valoir suivant que les circonstances me l'indiqueraient.

Ce fut lorsque les choses étaient dans cette situation que MM. Sauvage et de Saint-Quantin, arrivèrent à Paris. Ces Messieurs, membres l'un et l'autre du conseil colonial, avaient étudié avec soin l'état des affaires de notre colonie, ils avaient pris part aux différentes délibérations du conseil colonial sur la question de l'abolition de l'esclavage, et particulièrement à celle du 17 mai 1843, dans laquelle cette assemblée avait approuvé, sans réserve, l'idée d'une association des colons avec des capitalistes européens. Ils étaient donc bien pénétrés des intentions du conseil comme de ce que commandait l'intérêt général du pays. De mon côté, je ne leur cachai rien de la situation de nos affaires en France, je leur fis part de mes inquiétudes de voir le gouvernement proposer aux chambres une loi d'émancipation dans le cours de la session de 1844 ; enfin, je leur donnai connaissance de l'état où se trouvait le projet de colonisation, et leur exposai les avantages que nous pouvions en espérer.

Toutes ces considérations pesées avec maturité, par MM. Sauvage et Saint-Quantin, les décidèrent à se charger eux-mêmes de la tâche que MM. Ternaux-Compans et Joly de Lothinière, venaient d'abandonner, et renonçant à demander au gouvernement de poursuivre des études sur un sujet qu'ils connaissaient à fond, ils résolurent de lui proposer tout d'abord, pour la Guyane, un projet d'émancipation des esclaves, basé sur le principe de l'indemnité intégrale de la propriété. S'étant donc mis en rapport avec M. J. Lechevalier, ils rédigèrent une proposition qu'ils adressèrent le 25 août 1843 à M. le ministre de la marine.

On compreud, dès-lors, que ma position comme délégué, comme mandataire officiel des colons, dut se trouver fort délicate, et qu'elle me commandait d'agir avec une très grande réserve. Jusqu'ici, j'avais pu, en effet, soutenir, appuyer un plan de colonisation dans lequel l'émancipation des esclaves entrait simplement comme un moyen, et je ne craignais pas que les abolitionistes, toujours prêts à s'emparer des plus légères concessions pussent tirer parti de la position que j'avais prise pour prétendre que les colons eux-mêmes, par l'organe d'un de leurs délégués, venaient demander l'émancipation. Mais avec le projet de MM. Sauvage et Saint-Quantin, il n'en était plus ainsi, l'émancipation des esclaves en était bien le but évident, le but avoué. Or, tout en approuvant la démarche de ces Messieurs, je crus que la prudence me commandait de m'abstenir d'y prendre part, et c'est ce que, d'ailleurs, ils comprirent parfaitement eux-mêmes, car ils furent les premiers à m'inviter à garder toute la réserve nécessaire. J'adressai ce projet à M. le président du conseil colonial en lui indiquant la ligne de conduite que je m'étais tracée. (Voir annexe I.)

Ces premières propositions n'obtinrent pas d'être prises en considération par le gouvernement; elles contenaient, en effet, certaines conditions qu'il eût été impossible de soutenir devant les chambres, et leurs auteurs, en ayant été informés par le directeur des colonies, se résolurent à modifier leur travail et à rentrer pour ses bases principales dans les plans de M. Jules Lechevalier, qui avaient déjà pour eux l'autorité de l'examen de deux commissions. De nouvelles propositions furent donc préparées et présentées à l'adhésion de M. Jules Lechevalier, qui déclara les accepter entièrement et les faire siennes ; elles furent déposées le 4 novembre entre les mains de M. le directeur des colonies.

Jusqu'ici , comme on le voit , tout s'était passé entre MM. Sauvage, Saint-Quantin et Jules Lechevalier, et bien que ces messieurs m'eussent communiqué leurs démarches et qu'ils fussent en parfait accord avec moi, je m'étais cependant abstenu de tout acte officiel, de toute démonstration qui put compromettre la position. Mais il ne me fut pas permis de conserver cette attitude entièrement passive, et je me vis bientôt dans l'obligation de prendre couleur et de me prononcer pour ou contre le projet qui venait d'être présenté au gouvernement. En effet, M. le directeur des colonies, après avoir pris l'avis du ministre de la marine, fit connaître à MM. Sauvage et de Saint-Quantin que le gouvernement ne pourrait attacher quelqu'importance à leurs propositions qu'autant qu'ils se seraient assurés de l'adhésion motivée du délégué de la colonie, et que, jusque-là, ils ne devaient pas espérer de les voir prendre en considération. Il me fut également donné connaissance de cette décision par ce chef d'administration.

Pouvais-je donc me refuser à donner mon avis sur la question pour laquelle le gouvernement le provoquait? Evidemment je me serais mis, par ce refus, en opposition avec le texte de la loi du 24 avril, qui définit les devoirs des délégués des colonies, et j'aurais ainsi méconnu les obligations de mes fonctions. D'un autre côté, je dois le dire, mes rapports avec le ministre de la marine et la légitime déférence à laquelle j'étais tenu envers lui, ne me permettaient pas davantage d'éviter de donner un avis précisément sur une question sur laquelle j'avais moi-même plusieurs fois appelé son attention. Je n'avais donc pas à balancer, et je donnai mon adhésion à la proposition soumise au gouvernement. Dès-lors il s'ouvrit, soit chez le directeur des colonies, soit dans le cabinet du ministre lui-même, des conférences sur le projet, auxquelles je pris toujours part, et dans lesquelles je m'attachai à le soutenir avec conviction.

Dans toutes ces conférences, le ministre se montra, je dois le dire, plein de bienveillance envers les auteurs du projet; il les félicita du bon esprit dont ils faisaient preuve en s'occupant ainsi des intérêts de leur pays; mais, cependant, il évita avec soin de répondre à la demande qui lui était faite de vouloir bien les mettre en position de se rendre utilement à la Guyane pour y demander l'adhésion et le concours de leurs compatriotes à l'œuvre qu'ils méditaient. J'attribuai cette réserve à l'obligation dans laquelle se trouvait le ministre de soumettre l'opération au conseil du roi, avant de prendre aucun engagement; elle se compliquait en effet d'une question de finances, qu'il n'appartenait pas au ministre de la marine seul de résoudre.

Je répondrai ici à quelques-uns des griefs que l'on a soulevés contre moi à l'occasion de mon adhésion au projet dont il est ici question.

On a d'abord prétendu que j'aurais dû m'abstenir d'y prendre part. J'ai démontré, je crois, en citant le texte de la loi qui institue les délégués des colonies, que refuser de donner un avis eût été manquer à mes devoirs, et que me trouvant dans l'obligation de me prononcer, je devais le faire d'une manière favorable, tant pour être d'accord avec les décisions du conseil colonial, que parce que c'était ma propre conviction.

On a ajouté que, dans ce cas, je n'aurais pas dû me borner à approuver le projet simplement, en ma qualité de délégué de la colonie, mais que je devais encore me réunir à ses auteurs, en qualité de propriétaire, et faire miennes leurs propositions, ainsi que l'avait fait M. J. Lechevalier. On n'a pas réfléchi, sans doute, en articulant ce grief, qu'agir ainsi eût été abdiquer, en quelque sorte, mon rôle de fonctionnaire public, pour prendre celui de spéculateur. Car, quelle que fût la couleur que l'on pût donner à cette opération, il n'en est pas moins vrai qu'elle portait aussi le caractère d'une spéculation privée. En m'associant aux auteurs du projet, je perdais par cela même toute l'autorité que me donnait ma position officielle pour l'appuyer auprès du gouvernement; or, je l'ai dit et je le répète ici, je voulais sincèrement cette affaire, je la croyais entièrement dans l'intérêt du pays, et j'étais convaincu qu'elle ne pouvait rencontrer aucun obstacle sérieux parmi les propriétaires de la colonie.

Enfin, on a trouvé que j'avais mis trop d'empressement à donner mon adhésion, et on aurait voulu que j'eusse proposé au ministre de renvoyer le projet à l'examen du conseil colonial. Je répondrai encore ici que les délégués sont institués pour donner au gouvernement des renseignements sur les questions qui intéressent les colonies qu'ils représentent, et que demander le renvoi au conseil colonial, eût été répondre par ce qu'on appelle, au palais, une fin de non recevoir; que, d'ailleurs, le conseil colonial avait déjà, par deux fois, émis son avis sur la question; que pendant tout le cours de cette affaire qui datait, comme on l'a vu, de 1841, je m'étais toujours appuyé sur cette opinion du conseil; et que vouloir éluder de me prononcer en prétendant que je n'étais pas suffisamment éclairé, lorsque le gouvernement lui-même venait provoquer mon avis, ç'eût été user d'un subterfuge peu convenable chez un homme public.

Mais j'ajouterai encore que par le projet lui-même tel qu'il était formulé, et par l'avis motivé que je donnai, les vœux de ceux qui auraient voulu que j'eusse renvoyé la question à la décision du pays, se trouvaient entièrement remplis, et il suffit, pour s'en convaincre, de relire le texte des propositions remises au ministre, et mon avis motivé. Voici, en effet, comment s'expriment les auteurs du projet, page 42 de leur mémoire :

« Dans le cas où leurs propositions seraient prises en con-
« sidération par Votre Excellence, les soussignés sont disposés
« à se rendre à la Guyane, *pour obtenir de leurs compatriotes*
« *leur concours volontaire à la formation de la compagnie,*
« et à la nomination de mandataires *ad hoc* appelés à venir à
« Paris traiter cette importante affaire avec le gouvernement
« de la métropole.

« Ils demanderaient à Votre Excellence de vouloir bien :
« 1° Leur fournir les moyens de faire promptement ce
« voyage;
« 2° Les accréditer auprès du gouvernement de la colonie,
« afin qu'ils obtiennent faveur et appui pour l'accomplisse-
« ment du but de leur voyage, etc. »

Voici maintenant quelles étaient les conclusions de mon adhésion :

« Par ces motifs, le soussigné prie son Excellence le mi-
« nistre de la marine et des colonies, prenant en sérieuse
« considération les propositions qui lui sont faites, de vou-

« loir bien accorder à MM. H. Sauvage et A. de Saint-
« Quantin, les moyens de se rendre à la Guyane, et les re-
« commandations utiles auprès des autorités de la colonie,
« pour qu'ils puissent procéder aux opérations nécessaires à
« la réalisation de leur projet. »

N'est-ce donc pas avoir fait précisément ce que l'on prétendrait me reprocher d'avoir négligé? Que se proposent en
effet les auteurs du projet? Se rendre à Cayenne pour y sol-
liciter l'adhésion et le concours de leurs concitoyens. Qu'ai-je,
de mon côté, invité le gouvernement à faire? Accorder à
MM. Sauvage et Saint-Quantin les moyens et les recommandations utiles pour procéder à cette opération. Il eût été difficile, il me semble, de trouver un moyen plus direct d'en
appeler à l'opinion publique et de soumettre l'opération proposée au jugement des habitants de la colonie.

Il est évident, en effet, que si j'étais parvenu à engager
l'affaire de cette manière, j'aurais obtenu le plus beau succès
que j'eusse pu espérer de cette négociation, puisqu'il est constant que le gouvernement, en donnant aux auteurs du projet les recommandations qu'ils demandaient, et surtout en
prenant des mesures pour opérer l'évaluation contradictoire
des propriétés, eût fait un pas très important qui l'eût engagé
dans cette affaire plus qu'il ne l'était déjà, tandis que les colons demeuraient toujours libres d'accepter ou de refuser une
opération à laquelle ils n'avaient jusque là pris aucune part.

Ces explications suffiront, je pense, pour démontrer clairement que j'étais loin d'avoir mérité les accusations portées
contre moi ; et qu'elles n'ont pû être formulées que pour
ne s'être pas suffisamment rendu compte des devoirs que
m'imposaient mes fonctions de délégué, et des conditions vé-
ritables de l'affaire qui était proposée.

Pendant que ces négociations se poursuivaient, la question de l'émancipation suivait son cours, et, ainsi que je l'avais prévu dans ma lettre au conseil colonial, sous le numéro 45, le gouvernement se décidait le 14 mai 1844 à en saisir les pouvoirs législatifs, en portant à la chambre des pairs le projet de loi concernant le régime des esclaves. C'était là, on ne saurait le nier, un événement d'une haute gravité et qui devait nécessairement exercer une grande influence sur l'opinion des habitants des colonies et particulièrement sur les résolutions du conseil de la Guyane. Il donnait au projet de colonisation une grande valeur d'opportunité, et venait ajouter aux motifs que j'avais eu jusque là pour faire en sorte de décider le ministre de la marine à prendre une résolution sur cette affaire.

Toutes mes démarches tendirent donc à ce but, mais je n'obtins encore ici qu'un résultat négatif, et, par sa lettre du 28 août 1844, M. l'amiral de Mackau informa MM. Sauvage et de St-Quantin que le conseil des ministres ayant été saisi de leur projet en avait ajourné l'examen et qu'il se proposait de revenir plus tard et en temps opportun sur cette affaire. (Voir aunexe J.)

Je m'empressai de rendre compte de ce fait au président du conseil colonial, et ici comme toujours je le priai de me donner des instructions sur la conduite que je devais tenir, mais inutilement et ma lettre comme les précédentes demeura sans réponse.

Cette seconde phase de l'affaire de la Guyane se terminait donc comme la première, par un ajournement, mais la question, on peut le dire, avait pris un aspect plus clair, plus positif, puisqu'il y avait eu un projet de formulé, un plan complet, remis aux mains du gouvernement, et que le conseil des ministres en avait déjà été saisi. L'ajournement annoncé par le ministre, on le comprendra facilement, bien loin de lui faire perdre de sa valeur lui donnait au contraire un caractère plus sérieux, car c'était en quelque sorte un engagement que l'affaire serait reprise.

D'un autre côté, le projet de loi relatif à l'émancipation éprouvait le même sort. Une commission de la chambre des pairs, présidée par M. Mérilhou, en avait fait un examen approfondi, et son rapport déposé le 5 juillet avait clos cette première période de la question qui se trouvait également ajournée à l'année suivante. Ainsi ces deux affaires, qui se tenaient par tant de points, qui avaient entre elles une corrélation si réelle, se trouvaient, après la session de 1844, en quelque sorte dans la même position.

C'était bien certainement le cas, si on y eût réfléchi quelque peu à Cayenne, de me tracer la ligne de conduite que je devais tenir, de me faire connaître si je devais continuer à suivre le plan de colonisation et lui donner la préférence sur le projet d'émancipation, ou s'il convenait mieux de l'abandonner. Le président du conseil colonial était parfaitement éclairé sur la situation, et sans aucun doute l'initiative des instructions à donner au délégué lui appartenait ! Cependant je demeurai sans un mot de réponse à toutes les lettres que j'avais écrites, et livré, je ne dirai pas à mes seules inspirations, mais bien aux décisions antérieures du conseil colonial, qui, ainsi que je l'ai dit, s'était par deux fois différentes prononcé en faveur de la combinaison formulée par MM. Sauvage et St-Quantin.

Ce fut dans ces circonstances que s'ouvrit la session de 1845. Il n'était nullement douteux pour moi que le gouvernement ne fût dans l'intention bien arrêtée de faire reprendre le projet de loi sur le régime de l'esclavage, et d'en obtenir le vote dans le cours de la session. Or, comme personne ne pouvait deviner quel serait le caractère de la discussion qui allait s'établir sur la question, et prévoir jusqu'à quel point on pourrait se laisser entraîner, je me réservai d'agir suivant que le sort des colonies me paraîtrait plus ou moins compromis.

En effet, ainsi que je l'avais prévu, dès le 5 février 1845, la reprise du projet de loi du 14 mai fut décidée à la chambre des pairs, et peu après la discussion en eut lieu, après l'avoir d'abord soumis à un supplément de rapport.

Jusque-là, je dois le dire, la situation ne m'avait pas paru de nature à donner de graves inquiétudes aux habitants des colonies. Les termes du rapport de M. Mérilhou étaient bienveillants pour les colons et exprimaient formellement la volonté de concilier leurs droits avec les améliorations que l'on voulait introduire en faveur des esclaves. La chambre, dans la discussion du projet de loi, se montra animée des mêmes sentiments, et l'on pouvait espérer que le gouvernement s'inspirerait, dans l'exécution de cette nouvelle législation, des sentiments qui avaient animé la chambre des pairs.

Mais restait à faire l'épreuve de la chambre des députés, et de ce côté, je l'avouerai, je n'étais pas aussi rassuré. Bientôt, en effet, la nomination de la commission chargée de l'examen du projet de loi vint légitimer mes craintes.

Entièrement composée des hommes les plus avancés dans l'opinion abolitioniste, elle ne me permettait aucun doute sur la nouvelle physionomie qu'elle imprimerait à la question et sur les obligations qui seraient imposées au gouvernement quant à l'exécution des différentes dispositions confiées à l'ordonnance royale.

Je ne tardai pas, en effet, à être informé de tout ce qui se passait dans le sein de cette commission, et la connaissance que j'eus des principes sous l'influence desquels elle se proposait de diriger la discussion qui allait bientôt s'engager devant la chambre, me traçait clairement la conduite que j'avais à tenir. J'eusse, en effet, assumé sur moi une immense responsabilité, si j'eusse négligé de saisir cette occasion pour produire devant la chambre un projet qui, en créant pour la Guyane une position toute spéciale, pouvait en écarter les perturbations et les dangers dont les autres colonies allaient être menacées.

Que l'on veuille, en effet, se reporter à ce qui se passa à cette époque ; que l'on se rappelle les termes du rapport de M. J. de Lasteyrie, le système d'interprétation de la loi inventé par M. A. de Gasparin, les engagements de M. l'amiral de Mackau, et chacun conviendra que j'eusse manqué à tous mes devoirs en agissant autrement que je l'ai fait.

La circonstance me parut d'autant plus favorable que le ministre de la marine, dans un second projet de loi sur les colonies, présenté à la chambre le 22 avril, mentionnait tout particulièrement le projet relatif à la Guyane, et plaçait cette colonie en dehors du cadre d'expériences qu'il traçait pour nos autres possessions (Voir annexe K). Il ne m'était donc pas permis de reculer, et je me décidai aussitôt à me présenter devant la commission chargée de l'examen des deux lois coloniales. Mais, en faisant cette démarche, je voulus conserver entièrement mon caractère de simple représentant des habitants de la Guyane, et ne pas le confondre avec les autres intérêts qui pouvaient se rattacher à cette opération ; dans cette intention, je me fis accompagner de M. Jules Lechevalier, un des auteurs du projet et de M. Michel, banquier, représentant l'accession des capitalistes métropolitains à l'opération en question.

Accueillis par la commission, dont je connaissais déjà plusieurs des membres, avec une extrême bienveillance, je développai à ses yeux toutes les combinaisons du projet dont le gouvernement l'avait entretenue, je m'attachai à lui en faire comprendre l'utilité au point de vue du développement de la colonisation de la Guyane, et de l'amélioration de la condition des esclaves, et je conclus, en la sollicitant de provoquer par un acte de son initiative, le concours des pouvoirs publics à une œuvre aussi importante, et qui intéressait à un aussi haut degré toute la population de la Guyane.

La commission répondit bientôt après à cet appel, en proposant dans son rapport de consacrer une somme de 50,000 f. à l'évaluation des propriétés foncières destinées à constituer l'apport des habitans de la Guyane dans l'acte d'association, et les chambres ne tardèrent pas, par leur vote, à sanctionner cette proposition.

Certes, et je ne crains pas de le dire, c'était là un succès dont je pouvais me féliciter, puisque, sans avoir rien compromis, sans avoir aucunement engagé les colons, j'étais parvenu à obtenir des pouvoirs publics, un acte qui pouvait à bon droit être considéré comme une espèce d'engagement sur la question.

Quelle aurait dû être dès-lors la conduite des colons dans la nouvelle position où l'affaire se trouvait placée? que devait leur conseiller la raison et une juste appréciation de la situation? Il me semble qu'ils n'avaient autre chose à faire que d'attendre paisiblement que le gouvernement se fût mis en devoir d'exécuter la décision des chambres qui les concernait, en faisant procéder par une commission administrative à l'évaluation de la propriété foncière de la colonie. C'eût été là une espèce de cadastre tel qu'il s'en fait en France, qui, sans les engager aucunement, eût cependant offert cet immense avantage de faire constater administrativement la valeur de leurs biens dans un moment où tant de causes différentes semblent se réunir pour les déprécier.

Pendant que cette opération se fût faite, on eût eu tout le temps nécessaire pour examiner avec soin le plan qu'il s'agissait de mettre à exécution, on eût pris des renseignements sur les points qui eussent paru douteux, on l'eût modifié ou enfin repoussé définitivement.

Toute affaire, toute opération quelconque, on le sait parfaitement, est sujette à être discutée, celles dans lesquelles le gouvernement est partie intéressée, aussi bien que celles entre simples particuliers ; chacune des parties fait valoir ses motifs, pose ses conditions, et si on ne tombe pas d'accord, eh bien! il n'y a rien de fait. Rien donc ne semblait exiger que l'on se hâtât de se prononcer, et gagner du temps a toujours été pour nos affaires coloniales la meilleure politique à suivre; c'est celle qui depuis 1830 nous a servi à écarter l'émancipation, et c'était encore dans la circonstance la meilleure à pratiquer.

Voilà, à mon avis, ce qu'il eût été convenable de faire; mais on comprendra facilement que ceci était entièrement en dehors de mon action et par conséquent de ma responsabilité. J'avais fait en France tout ce que me commandait ma position de délégué; il ne m'appartenait nullement de chercher à exercer aucune influence sur les déterminations des habitants du pays, et de prétendre les diriger dans une question pour l'appréciation de laquelle ils étaient parfaitement éclairés. C'est cette position que j'avais voulu garder dès le commencement de cette affaire et que j'ai toujours conservée : elle consistait à employer toute l'autorité de ma position de délégué auprès des pouvoirs publics pour faire adopter ce qui avait été décidé par le conseil colonial, mais à me renfermer sévèrement dans le cercle de ces devoirs.

Toutefois, une obligation m'était encore imposée ; elle consistait à décider le ministre de la marine à exécuter le plus promptement possible la loi du 19 juillet 1845, en procédant à l'évaluation des propriétés de la colonie, et rien ne fut négligé pour parvenir à ce but. Toutes mes démarches, toute mon action tendirent en effet à ce résultat. J'eus plusieurs conférences à ce sujet, soit avec le ministre lui-même, soit avec le directeur des colonies. Je provoquai de la part des colons présents à Paris une manifestation tendant à ce but (voir annexe L). J'écrivis aux personnes domiciliées en France et ayant des intérêts dans la colonie, pour les inviter à une démonstration quelconque. Enfin, je vis M. le duc de Broglie lui-même, et je le priai d'employer son influence auprès du ministre pour le déterminer à cette mesure. Soins inutiles, le ministre resta sourd à toutes mes sollicitations !

Déjà une vive opposition s'était manifestée dans la colonie contre le projet d'association. Le gouverneur, dans sa correspondance, l'avait toujours combattu, plusieurs habitants notables s'étaient personnellement prononcés contre (voir annexe M); le ministre désirait connaître, avant de s'engager plus avant, quel serait l'effet produit sur les esprits par la discussion des Chambres sur la loi concernant le régime des esclaves, et par le vote des 50,000 francs affectés à cette opération. On sait que les conséquences de ces deux faits furent d'amener au conseil colonial une division fort regrettable, et de provoquer de la part d'un grand nombre de colons une protestation très vive contre l'exécution du projet. Dès-lors, la question se trouva décidée, et le gouvernement crut devoir renoncer à une entreprise pour laquelle le concours de la grande majorité des habitants du pays ne lui était pas assuré. Le rapport au roi, du 31 mars, vint nous faire connaître la résolution définitive du gouvernement. (Voir annexe N.) Telles ont été les négociations suivies pour cette affaire, et les différentes phases par lesquelles elle a passé. Provoquée par le conseil colonial lui-même, approuvée plus tard par un vote de cette assemblée, tout homme de bonne foi conviendra que mes devoirs comme délégué de la colonie, me commandaient de la suivre avec activité auprès du gouvernement, et de m'attacher à la faire réussir, tout en sachant cependant y apporter la prudence et la réserve que la position exigeait. C'est, en effet, ce sentiment qui a toujours réglé mes démarches, et je ne sache pas qu'on en puisse citer une seule qui ait été de nature à compromettre les intérêts de mon pays, ou à engager ses habitants sans leur volonté.

Cet exposé suffira, je l'espère, pour faire tomber le reproche que l'on m'a fait, d'avoir agi sans instructions du conseil colonial, ou d'avoir mis dans ma conduite une précipitation coupable. Il me reste à me disculper ici de l'accusation contraire, et je dois répondre aux personnes qui ont prétendu que j'avais apporté dans ces négociations une tiédeur condamnable, et que je n'aurais pas fait tout ce qui était nécessaire pour faire réussir l'opération. Ce second reproche, je dois l'avouer, m'a beaucoup plus étonné que le premier, puisque toute ma conduite, toutes mes actions, et je dirai même les faits, sont une protestation évidente contre une pareille accusation. Comment, j'aurais pris cette

affaire dès sa naissance devant la commission des affaires coloniales en 1841; je l'aurais suivie pendant quatre ans au
milieu des difficultés sans nombre dont elle a été entourée;
enfin, je l'aurais conduite jusqu'à obtenir un vote favorable
des chambres, et l'on prétendrait aujourd'hui que je n'aurais pas fait tout ce que l'on était en droit d'attendre de mon
zèle et de mes convictions.

Mais que pouvais-je donc de plus en faveur de cette affaire? Dépendait-il de moi de forcer les convictions des habitants de Cayenne? car, c'est par là seulement que l'opération
a échoué! On aurait désiré que le gouvernement eût pris
l'initiative de la présenter au conseil colonial, ou d'accréditer
les auteurs du projet auprès de l'administration de la colonie;
je le désirais moi-même, et je suis encore convaincu qu'en se
décidant depuis le premier moment à cette démarche, le
gouvernement eût été en position de mieux apprécier l'opinion du pays, et qu'on eût évité de graves embarras. Aussi
en ai-je fait maintes fois la demande au ministre. Mais c'était
un point sur lequel son opinion était arrêtée, et ni mes sollicitations, ni l'avis du directeur des colonies, favorable à cette
mesure, ne purent parvenir à changer ses résolutions. C'était
là un acte d'une volonté supérieure contre lequel il n'y avait
pas d'argument possible, et il y aurait peu d'équité à vouloir
m'en faire supporter la responsabilité.

On m'a reproché plus tard de n'avoir pas fait soutenir l'affaire dans les journaux, ou d'avoir négligé de répondre à
deux brochures publiées pour la combattre par MM. Ronmy
et Milleroux. Ici ma réponse sera toute simple, et pour peu
que l'on veuille réfléchir à la situation de l'opération, lorsque
ces brochures ont été publiées, on reconnaîtra que j'aurais
fait une faute, en engageant une polémique à ce sujet.

Et en effet, tant qu'une affaire, de quelque nature qu'elle soit, cherche à se produire, on a recours à la publicité, on cherche à intéresser l'opinion publique par des publications de toutes natures ; articles de journaux, annonces, brochures, tous ces moyens sont utilement employés ; l'opinion en est occupée, et elle réagit puissamment sur les pouvoirs publics pour les disposer à accueillir favorablement l'affaire que l'on a voulu produire. Voilà bien, en effet, l'action de la publicité ; c'est là le rôle qu'elle a à remplir.

Mais lorsque cette opération a franchi cette première difficulté, lorsque, parvenue dans une sphère plus élevée, elle a été favorablement accueillie par le gouvernement et les chambres, alors la publicité doit cesser, car elle serait plus nuisible qu'utile. La question arrivée à cette situation se traite directement avec le gouvernement, et elle exige dès-lors le silence et la discrétion. Hé bien ! c'est précisément dans cette situation que se trouvait placée l'affaire de la Guyane, lorsque les deux brochures en question ont été publées ; je n'avais plus à la discuter devant l'opinion publique, mais bien à la traiter dans le cabinet du ministre. Or, pour cela il était inutile de procéder par la publicité, et c'eût même, en quelque sorte, été une inconvenance de ma part. Le ministre connaissait parfaitement le projet sur la Guyane ; il l'avait sérieusement étudié, et tout ce qu'il désirait, c'était de savoir s'il obtiendrait le concours des habitants de Cayenne ; or, l'opposition de M. Ronmy, président du conseil colonial, était un symptôme funeste contre lequel je n'avais aucun argument sérieux à faire valoir.

A ces motifs tout particuliers à la question, j'ajouterai qu'en règle générale les hommes chargés de fonctions publiques doivent s'abstenir, autant qu'il est possible, d'user de la publicité en leur propre nom ; que l'emploi de ce moyen entraîne le plus souvent des embarras et des difficultés que l'on n'aurait pas pu prévoir. Ainsi, par exemple, dans la question qui nous occupe, où il s'agissait de l'émancipation des esclaves, il est évident que je n'aurais pu répondre aux deux brochures publiées contre le projet qu'en exprimant des sympathies pour cette mesure, et en allant puiser mes meilleurs arguments aux mêmes sources que les abolitionnistes exploitent depuis si longtemps contre nous. Tout le monde conviendra que de la part d'un membre de la délégation coloniale, une pareille démonstration faite publiquement eût été plus qu'une imprudence, et que cela seul devait me commander la réserve que j'ai gardée.

Ces explications, j'aime à le croire, suffiront pour me justifier pleinement aux yeux des personnes qui, ayant désiré vivement le succès du projet d'association, ont pu croire qu'il avait dépendu de moi d'en assurer l'exécution. Moi-même aussi, je le répète, je l'ai voulu sérieusement, parce que j'ai la conviction que cette opération était commandée par la nouvelle situation qui venait d'être faite aux colonies, et qu'elle nous eût évité de graves embarras sans compromettre nos intérêts. J'ai donc fait, dans cette conviction, ce qui dépendait de moi pour assurer le succès de cette affaire ; mais je l'ai fait, je le répète, avec la prudence et la réserve que ma position me commandait ; car, en cherchant à faire prévaloir une question nouvelle et toute d'avenir, il ne m'était pas permis d'oublier que je devais aussi éviter de compromettre les intérêts présents qui reposent sur l'ancienne organisation des colonies. Serais-je donc à blâmer pour avoir su éviter ce danger ?

Aujourd'hui, mes chers compatriotes, le projet de la compagnie des colons de la Guyane, il faut le reconnaître, est une question décidée, et la raison, ainsi qu'une juste appréciation de nos intérêts, nous commandent de ne plus nous occuper d'une affaire qu'il ne nous est pas donné de faire revivre. Toutes les dissidences, toutes les divisions dont elle a pu être la source doivent donc disparaître devant la nouvelle situation qui nous est faite et les nécessités qu'elle nous impose. Le projet de compagnie n'avait été qu'un moyen de nous soustraire aux chances de l'émancipation, il n'a pas convenu à un grand nombre des habitants de la Guyane ; eh bien, occupons-nous de le remplacer par une autre combinaison, cherchons à y substituer un autre système dans lequel nous puissions rencontrer les garanties que nous désirons nous assurer. Voilà ce que semble nous commander aujourd'hui l'intérêt général de notre pays.

La loi du 18 juillet 1845 a inauguré un régime nouveau ; des modifications importantes ont été introduites dans l'ancien droit colonial, et les rapports entre les maîtres et les esclaves en sont profondément altérés. Il appartient aux habitants de la colonie d'apprécier s'il leur est encore possible, dans les nouvelles conditions qu'on leur a faites, d'obtenir un travail régulier de leurs nègres et de continuer avantageusement l'exploitation de leurs propriétés. Si cette possibilité est reconnue, si aucun grave désordre économique n'est résulté du nouveau régime qui nous a été imposé, la raison et le sentiment de nos intérêts nous commandent alors de prêter notre concours au gouvernement pour une sage organisation de ce régime, puisque nous pourrons, pendant cette époque de transition, nous occuper d'établir et d'organiser le travail libre, qui sera, en définitive, la solution de toutes les difficultés que présente l'avenir des colonies.

Loin de moi la pensée de prétendre juger de la situation actuelle, il n'appartient qu'aux propriétaires, demeurés à la tête de l'administration de leurs habitations, d'apprécier sainement les difficultés qu'elle présente. Mais comme la connaissance des intentions du gouvernement peut être pour beaucoup dans les résolutions auxquelles le pays pourra s'arrêter, je crois devoir donner ici les renseignements que ma position m'a permis d'acquérir, et fournir les informations qui résultent, pour moi, de tous mes rapports avec les hommes publics qui s'occupent des questions qui nous concernent.

Le gouvernement, en promulguant la loi du 18 juillet 1845 et les ordonnances qui l'accompagnent, a fait un pas vers l'émancipation des esclaves ; mais en créant le régime intermédiaire entre la liberté définitive et l'ancien esclavage, il a évité la faute commise par l'Angleterre, il n'a pas fixé de terme à ce régime, et s'est réservé la faculté d'en prolonger la durée autant que cela lui paraîtra utile. Il est évident, dès-lors, que, dans son esprit, le régime de la loi du 18 juillet est un état de préparation pour arriver plus tard à la liberté, bien différent en cela de ce qu'avait fait l'Angleterre qui n'avait créé l'apprentissage que comme un supplément d'indemnité en faveur des colons dépossédés.

Il résulte donc de cette situation que le gouvernement veut sérieusement aujourd'hui l'exécution de la loi du 18 juillet ; qu'il ne saurait vouloir rien en deça, rien au delà ; qu'il entend la faire fonctionner avec franchise et loyauté, et qu'il la maintiendra tant que les motifs qui lui ont donné naissance existeront. Le but de cette loi étant, comme je l'ai dit, une préparation à l'émancipation, le gouvernement s'occupera donc, sous l'empire de cette législation, de l'amélioration morale de la classe esclave et de l'organisation du travail libre ; sous ce dernier rapport la loi du 19 juillet est venue nous donner le complément de sa pensée.

On peut donc conclure de ces réflexions que le gouvernement sera disposé à accueillir favorablement toutes les propositions qui concourront à atteindre le but qu'il s'est proposé, mais qu'il le fera avec mesure et prudence. Sa pensée étant de procéder par expériences, il s'écartera difficilement de ce système, et il faudrait une nécessité bien démontrée pour l'en faire sortir. Dans le cercle de ces expériences se trouvent compris des essais d'immigration de travaillenrs libres tirés des régions qui offrent quelque analogie avec le climat de la Guyane.

Jusqu'à ce moment, on s'est encore borné, il est vrai, à de simples études de la question, et il n'a encore été fait aucune expérience dans ce genre ; mais j'ai lieu de croire que le ministère de la marine est aujourd'hui à peu près fixé, et qu'il pourrait accueillir favorablement des propositions qui lui seraient faites par le conseil colonial, si, ainsi que je l'ai dit, elles se renfermaient dans certaines limites, et ne se présentaient que comme un moyen utile, et non comme le but principal qu'il s'agirait d'atteindre.

Telle est aujourd'hui la situation, et, qu'on le remarque bien, je ne prétends pas la juger, dire qu'elle est bonne ou mauvaise, je me contente seulement de l'exposer, laissant entièrement à l'opinion des habitants du pays le soin d'en porter le jugement qu'une expérience déjà acquise doit leur avoir inspiré. Si, comme je l'ai dit, le gouvernement peut obtenir le concours des colonies pour le développement de cette situation, je crois pouvoir consigner ici l'assurance que pendant un certain nombre d'années encore, l'état des colonies sera maintenu sur ces bases, et que l'émancipation ne devra avoir lieu qu'après que tous les éléments nécessaires auront été préparés pour en amortir les conséquences funestes. Mais, dans tous les cas, j'ose dire qu'il faudrait pour que cette mesure fût proclamée prochainement, qu'elle eût été provoquée par les colons eux-mêmes.

En terminant cet exposé, il me reste, mes chers compatriotes, à vous remercier de la confiance dont vous m'avez honoré dans le cours de cette longue période d'années, pendant laquelle j'ai été chargé de vos intérêts. Cette confiance, je l'ai due, j'aime à le croire, à la connaissance que vous avez tous de mon caractère, à ma qualité de créole de la colonie, à la communauté de nos intérêts. Vous avez cru trouver dans ces titres l'assurance que l'intérêt général du pays serait le seul but des actes et des démarches de votre délégué, et j'ose dire que votre espérance n'a pas été trompée.

Nous avons passé, depuis la révolution de 1830, par des temps bien difficiles; nous avons eu à soutenir des luttes dans lesquelles la fortune et l'avenir des habitants des colonies se trouvaient engagés, et cependant nous avons su pendant quinze ans préserver les colonies de toute perturbation grave, sous le rapport social comme sous le rapport industriel. Telle a été là mission de la délégation coloniale jusqu'en 1845, et je me glorifie d'avoir été un des instruments les plus persévérants de cette politique à laquelle les colonies doivent leur existence. Aujourd'hui la situation est changée, un régime nouveau est venu remplacer l'ancien droit colonial, il nous prépare de nouvelles luttes à soutenir, des difficultés non moins graves à éviter; mais je n'en suis pas découragé, et je crois encore qu'en sachant se conduire avec prudence et intelligence, on peut écarter des colonies les dangers qui les menacent, et substituer pacifiquement le régime de la liberté à celui de l'esclavage.

Ce serait là, mes chers compatriotes, l'objet de mes préoccupations, le but de tous mes efforts, si j'étais appelé de nouveau à vous représenter auprès du gouvernement du roi en qualité de votre délégué. C'est une ambition que j'ose encore conserver, mais qui, si le résultat des nouvelles élections auxquelles vous êtes appelés à concourir ne répondait pas à mes espérances, ne porterait aucune altération aux sentiments de reconnaissance et d'attachement que je vous ai voués.

M. FAVARD.

ANNEXE A.

La commission s'est réunie le 18 juin, à onze heures, au ministère de la marine.

Sont présents :

MM. le duc de Broglie, président ;

le comte de Saint-Criq ;

le marquis d'Audiffret ;

Rossi ;

le comte de Sade ;

Wustemberg ;

de Tracy ;

Passy ;

de Tocqueville ;

Bignon ;

Reynard ;

de Saint-Hilaire ;

Mestro, secrétaire.

M. le président annonce que la sous-commission qui a été chargée, dans la dernière séance, de préparer les trois séries de questions à transmettre à MM. les gouverneurs des colonies par l'entremise du département de la marine, s'est acquittée de ce travail, qui va être soumis à l'examen de la commission. M. le président ajoute qu'il a préparé, pour l'envoi de ces questions à M. le ministre de la marine, un mémoire dans lequel sont résumés les résultats des délibérations de la commission dans les quatre premières séances.

M. le président donne lecture de ce mémoire qui est ainsi conçu :

Monsieur le ministre,

La commission nommée, sur votre rapport, par une décision royale du 26 mai 1840, s'est réunie, pour la première fois, le 4 juin suivant. Appelée à délibérer sur deux ordres de questions distinctes, mais également importantes pour nos colonies, celles qui tiennent à leur organisation politique, et celles qui naissent du régime de l'esclavage et de la nécessité d'y mettre un terme, elle s'est aisément assurée qu'aucune de ces questions ne pouvait recevoir, dès aujourd'hui, une solution définitive. La session de 1840 est très avancée ; la plupart des membres dont la commission se compose seront forcés, sous peu, de se disperser pour quelques mois. Les renseignements nous manquent d'ailleurs, les faits ne sont pas encore suffisamment établis ; les données statistiques ou autres sont plus ou moins incomplètes. Dans cet état de choses, son travail actuel doit nécessairement se borner à préparer les travaux à venir : elle s'adresse à vous, monsieur le ministre, pour en obtenir les éléments.

Il résulte, pour la commission, des documents que le département de la marine a déjà placés sous ses yeux, et de l'enquête à laquelle elle a consacré ses séances des 4, 7, 10 et 12 juin, que le moment est venu, en ce qui touche l'époque de l'émancipation et le mode selon lequel cette émancipation doit être opérée, de faire cesser l'état d'incertitude qui pèse sur les colonies. Cet état d'incertitude compromet, en effet, tout à la fois et la sécurité et les intérêts des colons. Les nègres sont tranquilles jusqu'ici, parce qu'ils espèrent ; mais leur attitude, leur langage donnent de justes appréhensions. Tant que le régime de l'apprentissage a subsisté dans les colonies anglaises, il ressemblait trop à l'esclavage, dans ses apparences extérieures, pour que nos colons dussent craindre sérieusement de voir les évasions se multiplier. L'apprentissage a cessé chez nos voisins ; l'exemple de la liberté absolue va devenir tout autrement contagieux. En présence, d'ailleurs, d'une émancipation toujours suspendue sur la tête des colons, rien désormais n'est possible ; les propriétés sont sans valeur, l'agriculture sans progrès, l'industrie sans avenir, tout périclite et tout dépérit.

« Il résulte également des premières délibérations de la commission que l'émancipation ne peut avoir lieu qu'à deux conditions également indispensables :

« 1° Une indemnité allouée aux propriétaires d'esclaves, une indemnité raisonnable, suffisante, loyalement appréciée ;

« 2° L'institution d'un régime intermédiaire entre l'esclavage et la liberté, d'un état de transition plus ou moins long, durant lequel toutes les précautions seront prises pour assurer le maintien de l'ordre, la continuation du travail, la préparation morale et religieuse des noirs.

« Ceci est trop évident pour qu'il soit nécessaire d'y insister. Mais quelle doit être l'époque de l'émancipation définitive ? Quels doivent être le mode, la durée, les caractères distinctifs de l'état intermédiaire ? Quelles doivent être la nature et la quotité de l'indemnité ? Pour arrêter ses idées sur tous ces points, la commission, monsieur le ministre, désire qu'il lui soit permis de poser, avec votre autorisation et par votre entremise, plusieurs séries de questions à Messieurs les gouverneurs des colonies.

Ces questions se rapportent aux divers systèmes d'émancipation successivement proposés et qui semblent, du moins au premier aspect, épuiser toutes les combinaisons compatibles avec la justice et la prudence. Ces systèmes sont au nombre de trois, savoir :

1° Le système d'émancipation partielle et progressive.

C'est le système proposé par l'honorable M. de Tracy. On affranchit d'avance, dans ce système, les enfants à naître, moyennant une indemnité modique ; on les laisse aux soins de leurs parents dans la condition d'apprentis, leur travail étant acquis au maître jusqu'à un âge déterminé. On attribue, en même temps, à chaque esclave déjà né, à titre de propriété, le pécule dont les usages coloniaux lui assurent la jouissance ; on l'autorise enfin à racheter, à prix débattu, sa liberté au moyen de ses éco nomies, chaque esclave arrive ainsi successivement à la liberté pour prix de son travail et de sa bonne conduite.

2° Le système d'émancipation simultanée, par voie de rachat au nom de l'Etat.

C'est le système proposé par la dernière commission de la Chambre des députés. Dans ce système, les colons sont dépossédés, au nom de l'Etat, mais à charge d'indemnité, par voie d'expropriation forcée. L'Etat se substitue, pendant une période de temps déterminée, au lieu et place des anciens maîtres, les conditions et la durée de cette situation intermédiaire sont réglées légalement : l'Etat loue aux anciens maîtres le travail des esclaves, et prélève sur leur salaire une somme suffisante pour le couvrir peu à peu de ses avances, en constituant un amortissement.

3° Le système d'émancipation simultanée précédé d'un apprentissage.

C'est le système suivi dans les colonies anglaises, les esclaves sont déclarés libres immédiatement et tous ensemble. Une indemnité est assurée aux colons ; les esclaves demeurent sous l'autorité de leurs anciens maîtres, mais sous la protection de l'Etat, durant une période de temps déterminée, en qualité d'apprentis : leur travail est concédé au maître ; il en est néanmoins tenu compte en déduction dans le réglement de l'indemnité.

La commission, monsieur le ministre, ne prend, quant à présent, aucun parti entre ces trois systèmes ; *elle n'exclut d'avance aucune combinaison nouvelle* ; elle se borne à vous prier de vouloir bien transmettre à MM. les gouverneurs des colonies les trois séries de questions ci-jointes, et de faire en sorte que les réponses puissent lui parvenir au commencement de la session prochaine. Elle désire également que celles de ces questions qui pourraient trouver, en tout ou en partie, leur solution dans les documents déjà réunis dans les archives de la marine, deviennent, pendant l'intervalle des deux sessions, l'objet d'un travail spécial exécuté à l'aide de dépouillements exacts et raisonnés. C'est uniquement en présence de faits, de chiffres, de renseignements ainsi obtenus qu'elle pourra reprendre avec avantage le cours de ses travaux et répondre à la confiance dont le roi l'a honorée.

Ce mémoire est adopté à l'unanimité sans observations.

(Extrait du procès-verbal de la séance du 18 juin 1840 de la commission instituée par décision royale du 26 mai 1840 pour l'examen des questions relatives à l'esclavage et à la constitution politique des colonies.

ANNEXE B.

Extrait de la résolution du conseil colonial de la Guyane, du 19 janvier 1841.

PRÉSIDENCE DE M. MARTIN.

Le conseil colonial légal représentant du pays, demande d'une manière formelle et positive. pour le cas où l'un des trois systèmes d'émancipation présentés par la commission des affaires coloniales prévaudrait, que l'intégralité de la valeur du personnel, du matériel et du fonds soit remboursé aux colons avant leur dépossession.

Le gouvernement devenu propriétaire par suite de ce remboursement, *serait aidé dans son œuvre par les colons qui se feraient ses fermiers*, et dont l'intérêt serait alors évidemment de le seconder de tout leur concours. Il rentrerait ensuite dans ses avances par la revente des propriétés coloniales si ses expériences de transformation sociale réussissaient ainsi qu'il en a l'espérance.

Le conseil rappelle la vérité proclamée par M. de Tocqueville dans son rapport : « Tout devient difficile si l'émancipation s'o- « père au milieu de la gêne des propriétaires ; tout devient pé- « rilleux si elle commence au milieu de leur ruine. »

Il faut ajouter qu'elle sera absolument impossible sans le concours et la franche coopération des colons, qu'on ne peut espérer d'obtenir qu'autant qu'on aura été juste envers eux, et qu'on aura fixé légalement le chiffre de l'indemnité qui leur sera due.

ANNEXE C.

Extrait du procès-verbal de lu séance de la commission des affaires coloniales du 12 mai 1844.

M. le directeur des colonies dit qu'indépendamment des explications que la commission a reçues de M. Lechevalier, il convient qu'elle soit informée de ce qui s'est passé entre l'administration et deux personnes qui, dans l'affaire projetée, représentent les financiers d'une part et les colons guyanais de l'autre. La première de ces personnes est M. Emile Pereyre, dont le nom est déjà associé à de grandes entreprises industrielles, et qui se présente au nom de plusieurs hautes maisons de banque disposées, dit-il, à engager des capitáux considérables dans une vaste opération sur la Guyane. Aux yeux de M. Pereyre, les plans de M. Lechevalier et tout le travail qu'il a fait distribuer ne sont, quant à présent, qu'une sorte d'avant - projet dans lequel la compagnie disposée à se former ne voit pas encore une base de spéculation, mais seulement un indice qui la décide à vouloir étudier elle-même les ressources agricoles et commerciales de la Guyane; c'est ce que M. Pereyre a plusieurs fois déclaré à M. le directeur des colonies dans des conférences dont il a été rendu compte à M. le ministre de la marine. L'autre personne à laquelle M. de Saint-Hilaire a voulu faire allusion est M. Favard, délégué de la Guyane, qui se porte garant de l'assentiment général des colons à la réalisation d'un plan analogue à celui que M. Lechevalier propose.

5

Convaincu que l'absence de capitaux est la principale cause de l'état arriéré et stationnaire de la colonie ; voyant, d'un autre côté, l'imminence de l'émancipation qui peut influer sur l'avenir de ce pays d'une manière ou propice ou funeste, suivant les mesures qu'on prendra pour résoudre le problème ; *se trouvant enfin en face d'une déclaration formelle du conseil colonial, qui demande qu'à l'occasion de l'abolition de l'esclavage, les colons soient expropriés et indemnisés à la fois de la terre et des travailleurs, M. Favard a été conduit à penser que l'intervention combinée de l'Etat et d'une compagnie privilégiée, était le meilleur moyen de satisfaire en même temps à toutes ces nécessités.* D'un autre côté, le gouvernement connaît les éléments de richesse et de prospérité que la Guyane renferme. Il a toujours eu le désir et n'a pas cessé de croire à la possibilité de les développer ; plusieurs tentatives ont été faites dans ce but par le département de la marine ; si elles ont échoué, c'est parce que la confiance publique et les capitaux qu'elle met en mouvement ne sont pas venus en aide aux efforts de l'administration. Aujourd'hui que cette condition de succès semble se présenter, le département de la marine ne pourrait, sans manquer à sa mission, et sans s'exposer pour l'avenir à des reproches mérités, repousser, par une fin de non recevoir, des ouvertures qui ont un caractère aussi sérieux, et décourager une si heureuse tendance des capitalistes. Si la commission n'était pas entièrement pénétrée de la force de ces considérations, il vaudrait mieux qu'elle ajournât l'expression de son opinion jusqu'à plus ample informé, que d'émettre, quant à présent, une conclusion négative.

ANNEXE D.

Extrait du procès-verbal de la séance de la commission des affaires coloniales du 12 mai 1841.

AVIS DE LA COMMISSION.

La commission des affaires coloniales a examiné, conformément à la demande de M. le ministre de la marine, les mémoires et projets préparés par M. Jules Lechevalier, et qui tendent à combiner, avec l'abolition de l'esclavage dans les colonies, la formation d'une compagnie de colonisation et de commerce maritime.

Ces projets, présentés comme successivement applicables aux diverses colonies à esclaves, n'ont, quant à présent, pour objet, que la Guyane française.

Les mesures dont se composerait l'ensemble des plans proposés ne sont ni exposées avec les développements, ni accompagnées, quant aux moyens d'exécution, des données qui seraient nécessaires, pour permettre de les examiner et d'en faire l'objet d'une délibération et d'un vote.

Mais il résulte des explications qui ont été fournies par l'auteur de ces documents :

1° Que, préalablement à la réalisation de tout ou partie des projets en question, les personnes qui seraient disposées à y concourir reconnaissent la nécessité de faire explorer et étudier le territoire de la Guyane française, sous les divers aspects que comporte une exploitation agricole et commerciale ;

2° Que des faits qui ressortiront de cet examen dépendra la formation d'une compagnie sur des bases larges et sérieuses ;

3° Que les mêmes personnes demandent l'intervention du gouvernement dans cette exploration, et dans les dépenses qu'elle exigera.

La commission, après en avoir délibéré dans ses séances des 8 et 12 mai 1841, est d'avis :

Qu'en admettant comme constant (ce que le gouvernement est seul en mesure de vérifier) que des capitaux soient disposés à se porter vers la Guyane française par voie d'association, le département de la marine fera une chose utile et d'intérêt public en encourageant cette disposition, et en se prêtant au concours qui lui est demandé quant à l'exploration de la colonie.

Que cette exploration peut avoir lieu par l'envoi à la Guyane d'un certain nombre de commissaires désignés à cet effet, de concert entre le département de la marine et les personnes par l'entremise desquelles la société projetée devrait plus tard être organisée.

Que ce concours pourrait être fourni simultanément par la concession des moyens de transport aux commissaires explorateurs, et par une participation, soit immédiate, soit éventuelle, dans les frais relatifs à leur voyage.

Mais que l'intervention du gouvernement dans l'étude des localités ne devrait impliquer, quant à présent, aucune approbation, soit de principe, soit de détails, des plans, projets et mémoires divers qui ont été communiqués par le département de la marine, et à l'égard desquels il a paru à la commission des affaires coloniales que tout examen ultérieur devait être entièrement et expressément réservé.

ANNEXE E.

Paris, le 16 novembre 1841.

Monsieur,

J'ai l'honneur de vous informer que, par un arrêté en date du 14 novembre courant, j'ai institué une commission spéciale à l'effet d'examiner le projet financier sur lequel vous avez appelé mon attention, et qui a pour but de concilier l'affranchissement des noirs avec un nouveau mode d'exploitation de nos colonies.

Je m'empresse de vous informer, en outre, que je vous ai nommé membre de cette commission.

Elle tiendra ses séances au ministère de la marine, où un local lui a été préparé, et elle se réunira sur la convocation de son président, M. Gautier, ancien ministre des finances, pair de France, etc.

Recevez, Monsieur, l'assurance de ma considération la plus distinguée.

Le président du conseil, ministre secrétaire d'État de la guerre,

Signé : maréchal DUC DE DALMATIE.

M. FAVARD, délégué de la Guyane française.

ANNEXE F.

Paris, le 9 janvier 1843.

Monsieur le Délégué,

Nous nous empressons de vous faire part de la conclusion des arrangements relatifs à la société que nous vous avions témoigné l'intention de former, afin de terminer les *études* du projet de colonisation de la Guyane, proposé par M. Lechevalier, l'un des soussignés, et qui a été présenté par vous à M. le maréchal, président du conseil des ministres.

Nous avons pensé qu'il faudrait des efforts nombreux, variés, et suivis avec une grande persévérance, soit pour élaborer une opération aussi importante et aussi compliquée, soit pour disposer le gouvernement et les Chambres à la favoriser. Nous avons donc pris les mesures nécessaires pour constituer, par nous-mêmes, un capital de *trois cent mille francs,* destiné à ces travaux.

Nous nous proposons de demander à son excellence le ministre de la marine et des colonies une subvention de 140,000 fr. pour ce *fonds d'études.* Nous espérons que la colonie de la Guyane voudra aussi contribuer à une tentative qui a pour but d'assurer sa prospérité et son développement. Il lui sera demandé pour le *fonds d'études* une subvention de 60.000 fr.

Ce dernier point pourra être traité au moment où deux d'entre les soussignés, MM. Ternaux-Compans et Joly de Lobtinière, se rendront à la Guyane pour rechercher, sur les lieux, les meilleures conditions de succès, et pour s'entendre avec les habitants et propriétaires, quant au meilleur point de départ de l'opération qui consiste, selon nous, à enter la colonisation nouvelle sur des établissements déjà fondés.

Si le gouvernement consent à nous accorder le concours qui va lui être demandé, ce voyage, auquel se rattacherait une expédition d'exploration, pourrait avoir lieu vers le mois de mai prochain.

Vous connaissez, M. le Délégué, les intentions qui nous animent. Nous désirons, avant tout, travailler avec et pour les habitants de la colonie que vous représentez à l'amélioration et au développement de ce qui existe, en même temps que nous chercherons à nous préparer un avenir commun en facilitant et en dirigeant autant que possible, dans l'intérêt de la prospérité coloniale, les réformes que les circonstances rendraient nécessaires.

Nous savons de notre côté et nous apprécions bien haut, Monsieur le Délégué, ce que vous avez fait pour attirer l'attention et la bienveillance du gouvernement sur notre projet, et le zèle que vous avez mis à le faire-valoir, soit auprès de vos commettants, soit au sein de la commission nommée sur votre demande.

Si votre coopération active et directe à notre œuvre préparatoire nous eût paru compatible avec votre situation comme représentant officiel de la colonie et comme membre de la commission, nous n'aurions rien épargné pour vous compter tout d'abord comme l'un des directeurs de la *société d'études*. Dans le cas où une compagnie d'exploitation se constituerait, nous avons l'espoir et le vif désir que vous soyez appelé à y représenter la colonie, soit dans le conseil de direction, soit dans le conseil d'administration.

Mais ce qu'en ce moment nous réclamons de vous, Monsieur le Délégué, c'est de vouloir bien nous continuer votre bienveillant concours auprès du gouvernement, comme auprès de la colonie. Nous ferons nos efforts, en toute occasion, pour obtenir votre assentiment, et pour établir entre nous et les habitants de la colonie que vous représentez un parfait accord d'intérêts et d'intentions.

Agréez, Monsieur le Délégué, l'assurance de la haute considération avec laquelle nous avons l'honneur d'être,

Vos très-humbles et très-obéissants serviteurs,

Signé : TERNAUX-COMPANS, Jules LECHEVALIER et

JOLY de LOTBINIÈRE.

M. FAVARD, délégué de la Guyane française.

ANNEXE G.

Extrait du procès-verbal des séances du conseil colonial de la Guyane, des 18 avril et 17 mai 1843.

PRÉSIDENCE DE M. MARTIN.

Un membre exprime qu'il serait urgent qu'en même temps qu'une commission serait nommée pour rendre compte de la correspondance du délégué, une autre commission, composée de cinq membres, fût aussi nommée pour examiner le projet de colonisation qui est proposé par M. Jules Lechevalier, et pour déterminer le mode de procéder à son arrivée, relativement à la commission qui doit venir dans la colonie pour y faire des études locales.

Après une courte discussion cette proposition est accueillie. Sont nommés :

MM. Vidal de Linegendes, Sauvage, Senez, C. Martin, A. de Saint-Quantin.

SÉANCE DU 17 MAI 1843.

M. le rapporteur, sur le projet Lechevalier et Ce, fait son rapport verbal. Ce rapport se résume dans les dix-neuf questions suivantes :

1re *Question* : Dans l'état actuel de laquestion coloniale, convient-il à la colonie de la Guyane française de s'occuper d'un plan d'association qui a pour base principale, en cas d'émancipation des esclaves, le remboursement intégral de la propriété coloniale et l'agrandissement agricole et industriel indéfini du pays?

Oui.

2e *Question* : Y aurait-il avantage pour les propriétaires de la Guyane à faire partie d'une association dans laquelle ils pourront vendre leurs propriétés, esclaves, usines et terres, pour un prix débattu équivalent à la valeur réelle?

Oui, il y aurait avantage pour la grande majorité des colons.

3e *Question* : L'association doit-elle être volontaire ou forcée?

L'association doit être volontaire, quant aux colons.

4e *Question* : Si l'association doit être volontaire, quant aux propriétaires, doit-elle être forcée pour l'association, en ce sens que tout propriétaire devra y être admis, s'il l'exige?

L'association, volontaire pour les habitants, doit être obligatoire pour la société.

4e *Question* : Si l'association doit être volontaire, quant aux propriétaires, doit-elle être forcée pour l'association, en ce sens que tout propriétaire devra y être admis, s'il l'exige?

L'association, volontaire pour les habitants, doit être obligatoire pour la société.

5e *Question* : Dans cette hypothèse, quel délai sera accordé aux propriétaires retardataires, à dater de l'établissement de l'association, pour faire connaître leur adhésion?

Le droit qu'auront les propriétaires de forcer la société à les recevoir comme actionnaires durera deux ans.

6e *Question* : Comment l'association serait-elle formée?

La Guyane ne consentira à aucune association qui n'aurait pas pour base le remboursement intégral de la valeur du fonds et des noirs qui composent les propriétés. Ce remboursement devrait avoir lieu, soit en numéraire, soit en actions portant intérêt garanti à perpétuité par l'Etat, négociables, librement, sans intermédiaires ni contrôle, tant dans les colonies qu'en Europe.

7ᵉ *Question* : Un capital de 60,000,000 est-il suffisant?

Oui, le capital de 60,000,000 est suffisant pour acquérir les propriétés actuelles et entrer largement dans les voies du progrès.

8ᵉ *Question* : 40,000,000 de ce capital seraient-ils suffisants pour payer toutes les propriétés coloniales à placer dans l'association?

Oui.

9ᵉ *Question* : Quel serait le but de l'association?

L'association développera les établissements actuels, en créera de nouveaux, concentrera les forces, développera les productions, créera des centres de consommation.

10ᵉ *Question* : Faudra-il conserver les établissements existants?

Les propriétés dans de bonnes conditions seront conservées. Celles qui ne pourraient être utilisées immédiatement seront abandonnées. Les propriétés actuelles sont considérées comme des points de départ indispensables qui permettront d'éviter bien des études et des écueils.

11ᵉ *Question* : Pourra-t-on employer des hommes d'origine européenne dans la colonisation?

Non, dans les travaux de grande culture ; oui, dans un grand nombre d'industries accessoires.

12ᵉ *Question* : Faudra-t-il faire venir des engagés d'Afrique ou des Indes orientales ?

Il faut en faire venir le plus possible ; c'est la question vitale de la colonisation.

13ᵉ *Question* : Faudra-t-il établir des huttes dans le territoire au sud de l'Oyapock?

Oui, c'est une industrie productive, et pour laquelle on pourra utiliser même les blancs.

14ᵉ *Question* : Les habitants actuels resteront-ils en partie dans la colonie ?

Quelques propriétaires dans une position privilégiée pourront réaliser et quitter la colonie. Le plus grand nombre restera et pourra être fort utile à la compagnie qui trouvera en eux des agents acclimatés et connaissant le pays.

15ᵉ *Question* : Quel sera le sort des domestiques ?

Les propriétaires devront être libres de les garder ou de les comprendre dans la vente. La plupart des maîtres les garderont.

16ᵉ *Question* : Quel sera le sort des ouvriers de ville ?

Les ouvriers libres trouveront certainement plus d'ouvrage dans une colonie en progrès que dans un pays ruiné ou languissant.

17ᵉ *Question* : Quel sort auront les propriétés de ville ?

Elles resteront ce qu'elles sont ; la société n'étant pas obligée de les acquérir, leur valeur actuelle ne peut qu'augmenter en présence du développement nouveau que prendra la population.

18ᵉ *Question* : L'association pourrait-elle espérer de grands bénéfices en introduisant à la Guyane des travailleurs indiens ou africains en grand nombre et soumis à un règlement de travail ?

Si la société réunit le capital suffisant et conduit sagement les opérations d'immigration, elle peut espérer de grands bénéfices.

19ᵉ *Question* : Est-il nécessaire de faire des études préparatoires sur le climat, les produits, les cultures, etc., etc. ?

Quant aux colons actuels, ces études seraient inutiles ; le pays et ses immenses ressources sont parfaitement connus ; avec des capitaux et des bras on peut donner immédiatement à la colonie de la Guyane française une grande importance.

Le conseil, à la majorité, en adopte les conclusions.

ANNEXE H.

Paris, le 28 avril 1843.

Messieurs,

Ainsi que je vous l'avais annoncé, j'ai soumis au conseil des ministres les propositions contenues dans votre mémoire du 11 janvier dernier.

Le gouvernement reconnaît que la Guyane française offre un vaste champ à des travaux de colonisation, et que lorsqu'ils seront entrepris sur des plans mieux étudiés et des données plus certaines que les opérations de même nature tentées précédemment, on doit en espérer de grands résultats.

Je pense donc, ainsi que l'a exprimé la commission présidée par M. le comte de Tascher, que des études faites dans ce but seraient d'une grande utilité.

Néanmoins, l'époque avancée de la session, et l'urgence des travaux dont les Chambres sont déjà saisies, ne permettent pas au conseil de présenter cette année aucun projet de loi relatif à vos propositions.

Mon département ne pourrait donc s'occuper de cette affaire qu'à l'occasion de la préparation du budget de 1845.

Recevez, etc.

Le Pair de France, ministre de la marine et des colonies,

Signé Baron ROUSSIN.

A MM. Ternaux-Compans, Joly de Lotbinière et
J. Lechevalier.

ANNEXE I.

Paris, le 20 septembre 1843.

Monsieur le Président,

J'ai l'honneur de vous adresser, sous ce pli, la copie d'un projet d'émancipation des esclaves à la Guyane française, remis aux mains du ministre de la marine par MM. H. Sauvage et A. de St-Quantin, d'accord avec M. J. Lechevalier.

Avant de faire cette démarche, ces Messieurs ayant bien voulu me communiquer leur travail, j'y ai fait introduire quelques modifications que la prudence, en matière si délicate, me paraissait commander, mais je n'ai pas cru devoir chercher à les détourner de leur projet, parce que, au fond, je le crois utile, et dans l'intérêt bien compris de la colonie.

Cependant, la démarche me paraît d'une nature tellement grave, qu'on ne saurait y apporter trop de réserve; aussi ai-je cru devoir m'abstenir de tout acte officiel pour l'appuyer, voulant lui conserver entièrement le caractère d'une affaire privée, et éviter ainsi que le parti abolitioniste ne puisse s'en emparer pour lui donner la couleur d'une démonstration de la colonie en faveur de l'émancipation.

J'aurai l'honneur de vous tenir informé de l'accueil qui sera fait à cette proposition, qui forme une phase importante de la question de l'émancipation. Jusqu'à ce moment, elle est demeurée renfermée dans le secret des bureaux de la direction des colonies.

J'ai l'honneur d'être, etc.

Le délégué de la Guyane,
Signé   M. FAVARD.

A Monsieur le Président du conseil colonial.

ANNEXE J.

Paris, le 28 août 1844.

Messieurs,

Je vous ai déjà fait connaître de vive voix que j'avais donné une attention très sérieuse aux propositions que vous m'avez fait l'honneur de m'adresser, avec l'adhésion de M. le délégué de la Guyane, propositions ayant pour base une association générale des planteurs de cette colonie qui accepteraient l'abolition de l'esclavage sans indemnité, au moyen de la garantie d'un minimum d'intérêt de 4 pour cent sur leur capital mobilier et immobilier.

Vous n'appelez pas, quant à présent, le gouvernement à se prononcer sur la valeur de cette combinaison; vous vous bornez à demander que mon déqartement vous autorise à la soumettre aux colons de la Guyane française, ainsi qu'au eonseil colonial, et qu'il charge M. le gouverneur de faire concourir l'administration locale à l'estimation de la valeur des propriétés des usines et des esclaves affectés aux cultures.

J'ai entretenu le conseil des ministres de votre proposition ; mais plusieurs de mes collègues sont absents, et bien qu'il ne s'agisse en ce moment de prendre sur le fond même aucune détermination, une affaire de cette gravité doit cependant être précédée d'une délibération complète.

Je ne puis donc, à raison de l'urgence de votre départ, vous donner l'assurance qu'il sera précédé d'une solution ; mais vous pouvez compter que, dès que je le croirai possible, je repro-

duirai mon rapport au conseil sur un projet que je continue à
regarder comme pouvant intéresser à un très haut degré la prospérité de la colonie.

Recevez, etc.

Le vice-amiral, pair de France, ministre secrétaire
d'Etat de la marine et des colonies,

Signé : baron de MACKAU.

A MM. H. Sauvage et A. de St-Quantin.

ANNEXE K.

*Extrait de l'exposé des motifs de la loi du 19 juillet 1845
relative à l'introduction de travailleurs européens et à la
formation d'établissements agricoles dans les colonies
françaises.*

A la Guyane, la population décroît d'une manière sensible;
les bras manquent ; des propriétés, autrefois exploitées, sont
abandonnées ou sont dans un état de ruine presque complet.
Cette fâcheuse position devait exciter la sollicitude du gouvernement. Les colons, de leur côté, s'en sont émus. Un projet
fondé sur l'association des propriétaires pour un emploi plus
fructueux des forces existantes, et qui se prêterait à une introduction ultérieure d'engagés libres, a été présenté sous les aus-
pices du délégué de la colonie. Le gouvernement examinera
très attentivement la suite à donner à ce projet, et le meilleur
parti à adopter pour porter remède à l'état des choses et pro-
mouvoir le développement agricole de cette vaste possession.

ANNEXE L.

Cayenne, le 24 août 1845.

Monsieur le Délégué ,

J'ai l'honneur de vous informer que, par le même navire qui vous porte cette lettre, le ministre recevra une protestation contre le projet Jules Lechevalier, Ad. de Saint-Quantin et Sauvage, signée par plus de trois cent vingt habitants de la colonie.

Un mémoire de développement, signé par quelques-uns des principaux opposants, est annexé à la protestation.

Il m'a paru important que vous fussiez prévenu d'une démarche qui est faite par le plus grand nombre des propriétaires de la Guyane, et je regrette de n'avoir pas le temps de vous adresser copie de ces pièces dont, au reste, il vous sera facile de prendre connaissance dans les bureaux du ministère.

Veuillez agréer, etc. ,

Le président du conseil colonial,

Signé RONMY

A M. Favard, délégué de la Guyane.

ANNEXE M.

Paris, le 16 août 1845.

Monsieur le Ministre,

En qualité d'habitants propriétaires à la Guyane, nous venons vous prier de donner suite, le plus prochainement qu'il vous sera possible, à l'évaluation des propriétés mobilières et immobilières de la colonie, opération pour laquelle la loi du 19 juillet 1845 a ouvert au département de la marine et des colonies un crédit de 50,000 fr.

Les propositions qui ont amené dans la métropole la présentation et le vote de ce crédit, donnaient lieu, à peu près en même temps, dans la dernière session du conseil colonial de la Guyane, à un rapport et à une discussion dont les procès-verbaux ont dû vous être transmis.

Ce qui s'est passé dans le sein du conseil, saisi d'une question aussi grave sur la simple initiative de deux de ses membres et avant que ni l'adoption, ni même la présentation de la loi du 19 juillet 1845 ne fussent connues dans le pays, nous laisse dans la conviction que le projet dont il s'agit, ou toute autre combinaison reposant sur les mêmes principes, réunira une grande majorité parmi les colons.

Toutefois, l'adhésion de ceux des propriétaires qui refusent ou qui hésitent ne s'obtiendra qu'autant qu'ils verront le gouvernement ordonner les opérations préliminaires pour la formation de la compagnie.

Si la situation actuelle se prolongeait, il y aurait d'ailleurs à craindre que les dissidences qui se sont déjà manifestées dans le pays ne devinssent plus vives, et qu'elles ne missent définitivement obstacle au succès d'une opération d'où peuvent sortir le salut et la prospérité de la Guyane.

C'est par ces motifs d'urgence, monsieur le ministre, que nous vous adressons la présente requête, déclarant consentir, en ce qui nous concerne, à ce que les biens que nous possédons à la Guyane soient soumis à l'évaluation proposée. Nous nous engageons aussi à agir auprès de nos compatriotes domiciliés en France, pour les décider à suivre notre exemple.

Nous ajouterons, monsieur le ministre, que nous sommes informés que les personnes de la métropole qui se montrent disposées à prêter leur concours à l'administration de la compagnie et à la formation de son capital d'exploitation, déclinent toute qualité pour intervenir dans l'évaluation préalable des propriétés coloniales, et qu'elles déclarent s'en rapporter, à cet égard, à ce qui sera fait contradictoirement entre l'Etat et les colons.

Nous avons l'honneur d'être, avec un profond respect,

Monsieur le ministre,

Vos très humbles et très obéissants serviteurs,

Signé BREMOND, LAGRANGE, MATHEY, ALBERT, TARDI DE MONTRAVEL.

A M. le ministre secrétaire d'État de la marine et des colonies.

ANNEXE N.

RAPPORT AU ROI.

*Allocation de 50,000 fr. pour l'évaluation des propriétés de
la Guyane française.*

Cette allocation a été introduite dans la loi par l'initiative de
la chambre des députés, avec l'assentiment du gouvernement.
L'opération à laquelle elle devait être consacrée était considérée,
de part et d'autre, *comme le préliminaire indispensable de tout
examen d'un projet de colonisation de la Guyane*, projet basé sur
l'idée d'une association générale des planteurs réunis en compagnie, avec la garantie, de la part de l'État, d'un minimum d'intérêt sur le capital social. La valeur immobilière et mobilière
des terres exploitées, des usines et des esclaves devant former
les trois cinquièmes de ce capital, on représentait comme nécessaire, avant tout, la détermination de cette valeur, de concert
entre le gouvernement et les colons.

A l'époque où le crédit de 50,000 francs fut alloué, *il fut bien
entendu que sa création et son emploi ne préjugeraient en rien la décision à prendre sur le fond même du projet.* Cependant, et quelque
expresse que fût cette réserve, le gouvernement et les chambres
se seraient certainement abstenus de faire faire même ce premier pas à la question, s'ils n'avaient pas cru alors avoir des
motifs suffisants de compter d'avance sur l'adhésion de la géné-
ralité, ou tout au moins de la grande majorité des intéressés ;
adhésion que pouvaient faire considérer comme probable celle
du délégué de la colonie, et les déclarations émanées de deux
des auteurs du projet, habitants de la Guyane et membres du
conseil colonial.

Depuis lors les faits ont été loin de répondre à cette attente.

Il est vrai que le conseil colonial, non provoqué d'ailleurs par l'administration, a exprimé, à la majorité de 10 voix sur 16, un avis favorable au projet présenté, avis qu'il a consigné dans une lettre adressée à Votre Majesté. Mais en dehors de cette assemblée, la grande majorité des opinions s'est manifestée en sens inverse : pendant que 110 propriétaires, dont 70 électeurs, se prononçaient par voie de pétition en faveur du projet de colonisation, 321 propriétaires, dont 64 électeurs, opposaient à cette déclaration les protestations les plus vives contre les bases mêmes du plan de MM. Lechevalier, Sauvage et Saint-Quantin. Il est demeuré dès-lors bien établi que dans une colonie qui compte en totalité 460 propriétaires, presque tous intéressés dans la question, l'immense majorité numérique est hostile au fond de la mesure ; que cette opposition est radicale et à peu près générale chez les petits planteurs ; et qu'enfin chez les grands propriétaires eux-mêmes, auxquels le système d'association proposé semblait le plus favorable, les avis se sont partagés à peu près par moitié.

D'un autre côté, cette division d'opinions ne s'est pas établie sans engendrer une grande irritation de part et d'autre, sans exciter surtout une profonde émotion chez ceux des colons qui ont cru voir dans les combinaisons projetées une atteinte à leurs droits, à la liberté de leur industrie, et la ruine de leur intérêts.

Ces *regrettables manifestations*, ces premières agitations se produisant en *dépit de toutes les réserves exprimées, et alors que l'affaire n'était nullement engagée*, et que l'administration n'avait même pas abordé l'opération préparatoire, n'ont pu manquer de faire profondément réfléchir le gouvernement de Votre Majesté. A ses yeux, l'initiative même du conseil colonial a pris une signification, et produit un effet contraire au but que s'étaient proposé les partisans du plan d'association. Il en résulte, en effet, que la question du projet de compagnie a été *préjugée* tandis que le vote du crédit de 50,000 francs l'avait expressément *réservée,* et il devient évident que, désormais, l'emploi

ce crédit impliquerait forcément un accord anticipé, sur le fond
même du système, entre le gouvernement et les représentants
officiels de la colonie, accord d'autant plus dangereux, qu'il serait en conflit avec la majorité des opinions manifestées dans le
pays.

En présence de cette situation, Sire, le gouvernement de Votre Majesté s'est trouvé conduit à penser qu'il n'y avait pas lieu
de donner suite à la mesure préparatoire à laquelle le fonds en
question devait être affecté. Le crédit de 50,000 francs demeu-
rera en conséquence sans emploi.

Votre Majesté a bien voulu reconnaître, d'ailleurs, que cette
détermination faisait au gouvernement une loi de faire rentrer
la Guyane, quant aux questions de travail libre, dans le pro-
gramme de commune expérience tracé pour les colonies par la
loi du 19 juillet 1845 ; qu'il reste dès-lors à rechercher les
moyens d'attirer, là comme ailleurs, et plus qu'ailleurs, des capitaux et des bras pour féconder, par des méthodes d'exploitations nouvelles, les ressources d'un pays si richement doté par
la nature.

C'est un devoir auquel mon département ne faillira pas, et
pour l'accomplissement duquel il fera, au besoin, appel au concours des chambres, à l'effet d'élargir et surtout de généraliser
les ressources que la loi dont je viens de parler a déjà mises à
sa disposition.

Je suis avec un profond respect,

    Sire ,

      De Votre Majesté,

Le très humble, très obéissant et très fidèle serviteur,

        Signé : Baron DE MACKAU.

Paris, le 31 mars 1846.

www.ingramcontent.com/pod-product-compliance
Ingram Content Group UK Ltd.
Pitfield, Milton Keynes, MK11 3LW, UK
UKHW022113070726
13613UKWH00003B/1046